Leben.Lieben.Arbeiten **SYSTEMISCH BERATEN**

Herausgegeben von
Jochen Schweitzer und
Arist von Schlippe

Corina Ahlers

Patchworkfamilien beraten

Mit 2 Abbildungen

Vandenhoeck & Ruprecht

Bibliografische Information der Deutschen Nationalbibliothek:
Die Deutsche Nationalbibliothek verzeichnet diese Publikation in der
Deutschen Nationalbibliografie; detaillierte bibliografische Daten sind
im Internet über http://dnb.de abrufbar.

© 2018, Vandenhoeck & Ruprecht GmbH & Co. KG,
Theaterstraße 13, D-37073 Göttingen
Alle Rechte vorbehalten. Das Werk und seine Teile sind urheberrechtlich
geschützt. Jede Verwertung in anderen als den gesetzlich zugelassenen Fällen
bedarf der vorherigen schriftlichen Einwilligung des Verlages.

Umschlagabbildung: jokebird/photocase.com

Satz: SchwabScantechnik, Göttingen
Druck und Bindung: ⊕ Hubert & Co. BuchPartner, Göttingen
Printed in the EU

Vandenhoeck & Ruprecht Verlage | www.vandenhoeck-ruprecht-verlage.com

ISSN 2625-6088
ISBN 978-3-525-40627-4

Inhalt

Zu dieser Buchreihe 7
Vorwort von Arist von Schlippe 9

I Der Kontext
Einführung 14
Begrifflichkeiten 15
Patchwork – emotionales Feuerwerk und Kollateralschäden ... 19
Scheidungsforschung 22

II Die systemische Beratung
Systemisches Patchwork im professionellen Umfeld 26
Chronometrie der Trennung 29
   Trennungskrise: Missgunst oder Wohlwollen 29
   Coming out: Wie sage ich es den Kindern? 32
   Streit im Paar – Streit bei den Eltern 35
   Loyalität im Konflikt 39
Komplexität und Kontingenz in der Zusammensetzung neuer
Beziehungen 44
   Der Lebenslauf von Karl und seine Patchworks 44
   Narration des Lebenslaufs von Karl 45
   Kontingenz und Perspektive 49
   Themen einer Reise des professionell begleiteten
   Problemsystems 50
   Die kindliche Position 56
   Die Position und die Sicht von Jugendlichen 60
   Der erwachsene Rückblick 63
   Blicke Hinzukommender im Zusammenspiel
   mit ihren Partnern 66

Life-Events im Patchwork: Besondere Ereignisse 70
  Weihnachten – 24. Dezember im Patchwork 70
  Geburt in neuer Verbundenheit: Halbgeschwister 71
  Besondere Anlässe: Hochzeiten und Beerdigungen
  im Patchwork 73
Professionelle Haltung: Realisierbare Handlungen
praktisch vermitteln 75

III Am Ende
Fazit 82
Literatur 84
Die Autorin 87

Zu dieser Buchreihe

Die Reihe »Leben. Lieben. Arbeiten: systemisch beraten« befasst sich mit Herausforderungen menschlicher Existenz und deren Bewältigung. In ihr geht es um Themen, an denen Menschen wachsen oder zerbrechen, zueinanderfinden oder sich entzweien und bei denen Menschen sich gegenseitig unterstützen oder einander das Leben schwer machen können. Manche dieser Herausforderungen (Leben.) haben mit unserer biologischen Existenz, unserem gelebten Leben zu tun, mit Geburt und Tod, Krankheit und Gesundheit, Schicksal und Lebensführung. Andere (Lieben.) betreffen unsere intimen Beziehungen, deren Anfang und deren Ende, Liebe und Hass, Fürsorge und Vernachlässigung, Bindung und Freiheit. Wiederum andere Herausforderungen (Arbeiten.) behandeln planvolle Tätigkeiten, zumeist in Organisationen, wo es um Erwerbsarbeit und ehrenamtliche Arbeit geht, um Struktur und Chaos, um Aufstieg und Abstieg, um Freud und Leid menschlicher Zusammenarbeit in ihren vielen Facetten.

Die Bände dieser Reihe beleuchten anschaulich und kompakt derartige ausgewählte Kontexte, in denen systemische Praxis hilfreich ist. Sie richten sich an Personen, die in ihrer Beratungstätigkeit mit jeweils spezifischen Herausforderungen konfrontiert sind, können aber auch für Betroffene hilfreich sein. Sie bieten Mittel zum Verständnis von Kontexten und geben Werkzeuge zu deren Bearbeitung an die Hand. Sie sind knapp, klar und gut verständlich geschrieben, allgemeine Überlegungen werden mit konkreten Fallbeispielen veranschaulicht und mögliche Wege »vom Problem zu Lösungen« werden skizziert. Auf unter 100 Buchseiten, mit etwas Glück an einem langen Abend oder einem kurzen Wochenende zu lesen, bieten sie zu dem jeweiligen lebensweltlichen Thema einen schnellen Überblick.

Die Buchreihe schließt an unsere Lehrbücher der systemischen Therapie und Beratung an. Unsere Bücher zum systemischen Grundlagenwissen (1996/2012) und zum störungsspezifischen Wissen (2006) fanden und finden weiterhin einen großen Leserkreis. Die aktuelle Reihe erkundet nun das kontextspezifische Wissen der systemischen Beratung. Es passt zu der unendlichen Vielfalt möglicher Kontexte, in denen sich »Leben. Lieben. Arbeiten« vollzieht, dass hier praxisbezogene kritische Analysen gesellschaftlicher Rahmenbedingungen ebenso willkommen sind wie Anregungen für individuelle und für kollektive Lösungswege. Um klinisch relevante Störungen, um systemische Theoriekonzepte und um spezifische beraterische Techniken geht es in diesen Bänden (nur) insoweit, als sie zum Verständnis und zur Bearbeitung der jeweiligen Herausforderungen bedeutsam sind.

Wir laden Sie als Leserin und Leser ein, uns bei diesen Exkursionen zu begleiten.

Jochen Schweitzer und Arist von Schlippe

Vorwort

Patchwork – der Begriff ist heute zu einem Modewort geworden, das die Lebenswirklichkeit vieler, vielleicht sogar der meisten Menschen in einer modernen Gesellschaft widerspiegelt. Ursprünglich bezeichnet es eine Flickendecke im Kontrast zum eleganten einfarbigen oder sanft gemusterten Plaid, das man sich an kühlen Abenden über die Beine legt. Die Patchworkdecke ist dagegen ungewöhnlicher, bunt, farbig und lebendig. Symbolisch gibt sie viel eher das wieder, wofür unser soziales Leben der Gegenwart steht, für die unendlich vielen Kombinationsmöglichkeiten, die sich ergeben, wenn Menschen zusammenkommen, ohne durch starre gesellschaftliche Regeln in die Korsette vorgegebener Strukturen des Zusammenlebens gezwungen zu werden.

Zugleich ergeben sich aus derartigen Konstellationen zahlreiche Fragestellungen für die beteiligten Akteure. Die meisten haben mit der Regulierung von Zugehörigkeit, mit der Dynamik von Inklusion und Exklusion zu tun. Anders als bei der gesellschaftlich klar vorgegebenen Folie der Kernfamilie, zu der man selbstverständlich gehört, gibt es in Patchworkstrukturen zahlreiche nicht immer klar entscheidbare Momente, wie Zugehörigkeit differenziert behandelt werden sollte: Wer ist bei welcher Begegnung dabei, wer nicht? Wie regeln wir das mit Weihnachten? Wo sitzt die geschiedene Mutter, wo der neu hinzugekommene Stiefvater bei der Hochzeit? Was machen wir bei sich überschneidenden Urlaubsplänen oder wenn die Schule

Besorgnis über das Kind anmeldet, und was heißt es, wenn die halbwüchsige Tochter verkündet, sie wohne ab jetzt lieber beim Papa – wo man sich doch schon immer über dessen subtilen Formen der Beeinflussung der Kinder geärgert hatte?

Von Heinz von Foerster (der auch in diesem Buch mehrfach erwähnt wird) stammt das Bonmot: »Nur unentscheidbare Fragen kann man entscheiden!« Das leuchtet ein, denn wenn sie entscheidbar wären, wenn es ein Richtig oder Falsch gäbe, dann müsste man nicht entscheiden. Daher führt jede Entscheidung einen Moment von Willkür mit sich: es hätte auch anders (und aus einer anderen Sicht vielleicht auch besser) entschieden werden können – und damit ist die Tür offen für Auseinandersetzungen auf allen möglichen Ebenen.

Diese auf eine Weise zu moderieren, dass jeder sein Gesicht wahrt, dass die Bedürfnisse von jedem wahr- und ernstgenommen werden und auf dieser Basis gute Lösungen gefunden werden, ist wohl die schwierigste, immer wieder neu zu lösende Aufgabe in Patchworkkonstellationen. Das Buch von Corina Ahlers, selbst eine erfahrene »Patchworkerin«, zeigt, welch ein breites Instrumentarium systemische Praxis hier zu bieten hat. Es werden die vielen Problemstellungen, die sich ergeben, genauso deutlich, wie die vielfältigen Wege, über die nach Lösungen gesucht werden kann. Wer nach einfachen Antworten verlangt, wird sie hier nicht finden, wer dagegen offen für das Spiel mit dem Möglichkeitssinn ist, das zur Offenheit und zur kreativen Suche nach neuen Wegen einlädt, wird dieses Buch mit Gewinn lesen.

Arist von Schlippe

Der Kontext

Einführung

Meine Quellen zu diesem Buch sind breit gestreut. Durch meine Biografie bin ich patchworkgeübt: Heute bin ich Großmutter von sechs Stiefenkeln, Mutter von Kindern zweier Väter und lebensbegleitend für Erwachsene aus früheren Patchworkbeziehungen. 1998 bis 2002 arbeiteten mein Mann und ich zusammen an einem qualitativen Forschungsprojekt zum Thema Patchwork (Sieder u. Ahlers, 2002). 2005 gründete ich zusammen mit zwei Kolleginnen, den systemischen Therapeutinnen Marion Waldenmair und Claudia Renner, das »Kompetenzzentrum FamilieNeu«. Es verfolgt die Absicht, defizitorientierte Einstellungen aufzulösen, die bei der Trennung von Paaren und Patchworkfamilien auftreten können (vgl. Ahlers, 1998, 1999). Wir arbeiten an der Alltagskommunikation und finden mit den Betroffenen kreative Alternativen für das Zusammenleben. Bis heute kommen Menschen zu uns – hinzugekommen sind Johannes Gutman, Harald Steininger und Rosita Ernst –, die sich zeitgemäß und kompetent beraten lassen und die Beurteilungen von Trennung und Patchwork überwinden möchten. Mit ihnen zusammen suchen wir praktikable Wege für ihren Alltag.

Das systemische Prinzip, nach dem das Setting der Sitzungen zirkulär und perspektivisch geplant wird, um Reden und Zuhören in der Begegnung möglich zu machen (Ahlers, 1996), ist für die Arbeit mit Patchworkfamilien besonders geeignet. Die in diesem Buch geschilderten Fälle und meine Reflexionen dazu spiegeln diese Praxis wider.

Alle Fallbeispiele sind frei erfunden und meinen niemanden im Konkreten. Die Fallvignetten sind als verdichtete und kombinierte Beschreibungen meiner Erfahrungen mit zahlreichen Menschen und Patchworkkonstellationen zu lesen.

Begrifflichkeiten

Mit »Patchworkfamilien« werden mehr oder weniger zufällig angeordnete biologische und psychosoziale Beziehungen nach der Trennung von Eltern beschrieben (Sieder, 2008). Das Wort »Patchwork« – Flickwerk – wird im Englischen nicht auf Familien bezogen. Diese bezeichnet man als »blended families«, Familien, die »verschnitten, gemischt, vermengt« werden. Die spanischen Begriffe »familias reconstituidas« oder »familias recompuestas« fokussieren auf die Restabilisierung der Familienverhältnisse nach dem Bruch. Sichtbar wird, wie Begriffe, welche diese mittlerweile alltäglich gewordene Lebensform beschreiben, Ideologien vertreten.

Der »Familienmythos« (Sieder, 2010), der die lebenslang zusammenhaltende Kernfamilie priorisiert, ist noch heute überzeugend – und das, obwohl das Konzept der »Kernfamilie«, welche ihre Mitglieder nach dem Motto »Blut ist dicker als Wasser« bindet, in der westlichen Industriegesellschaft eine Überlebenschance von circa 50 Prozent hat. Das bürgerliche Familienmodell (Sieder, 2010), in dem Ehe nicht mehr klassen- bzw. milieuspezifisch arrangiert wird, sondern in dem sich Liebespartner frei wählen, führt häufig zum Bruch und damit zum Aufbau einer neuen Beziehung. Mittlerweile ist Patchwork zur gewöhnlichen Begleitung postmoderner Lebenswelten geworden. Es gibt keine Garantie für das lebenslange Zusammenbleiben eines Paares, einer Familie.

In der Alltagssprache ist der »Stiefvater« vergangener Generationen zum »psychosozialen Vater«, zum »väterlichen Kameraden« bzw. zum »aktuellen Freund der Mutter« oder »LAP« (Lebensabschnittspartner) geworden. Die »Stiefmutter« ist nicht mehr »die böse Stiefmutter« aus den Märchen, zur »Ersatzmutter« wird sie nicht. Gerne wird sie »Lebensgefährtin« bzw. »Freundin des Vaters« genannt und mit ihrem Vornamen angesprochen. Sie wird der biologischen Mutter nicht vorgezogen,¹ aber man darf sie mögen.

Das Passagere der Beziehung in der Familie, die sich mal im Bruch und mal im Wiederaufbau befindet, wird im sperrigen Begriff der »Fortsetzungsfamilie« (Meulders-Klein u. Thery, 1998) am besten beschrieben. Jede Familie setzt sich nach der Trennung fort, verlassen/d, alleinerziehend, neu verliebt, mit den eigenen und/oder den fremden Kindern lebend und/oder mit der Aussicht auf zusätzliche gemeinsame Kinder in einer neuen Paarbeziehung. Das Wort »Fortsetzung« bewertet nicht. Beziehungen setzen sich fort, mit den gleichen oder mit anderen Partnern und Partnerinnen in neu gewählten Lebensräumen. Schnitzlers Stück »Der Reigen« (1920), in dem die Liebenden sich trennen und neu verpaaren, war bei seiner Uraufführung noch ein Theaterskandal und entspricht der heutigen Normalität. Der Reigen an Paarbeziehungen, die im Lebenslauf eines Menschen entstehen, wird auf Seite 46 illustriert. Im Patchworkgenogramm werden Beziehungskomplexität und temporäre Positionen sichtbar: ein spät gefundener Vater; verlassene Mütter, die mit ihrer Situation unterschiedlich umgehen; wiederentdeckte Halbgeschwister und isolierte leibliche Kinder.

Ob Professionelle in bzw. nach der Trennung aktiv werden, entscheidet die Kommunikation der Betroffenen: Wie wird die Trennungskrise bewältigt? Wie kompetent agiert das soziale und familiäre Netz? Stößt ein verlorenes Schulheft oder ein momentan aggressives Kind auf eine verständnisvolle oder auf eine überforderte Lehrerin? Kann eine Jugendamtssozialarbeiterin die krisengeschüttelten Eltern

---

1 Ich habe im Rückblick auf Patchworksysteme öfters von Klienten und Klientinnen gehört, dass ihr Stiefvater für sie besser als der eigene Vater gewesen sei. Jedoch wurde nie andersherum geäußert, dass eine Stiefmutter die eigene Mutter habe ersetzen können.

zur Vernunft bringen? Geht es den Kindern gut mit der ausgehandelten Besuchsregelung?

1992 führte Ludewig das Konzept des Problemsystems ein: Betroffene, die über ein Problem kommunizieren, erzeugen ein Problemsystem. Ihre Kommunikation macht sie zu »Mitgliedern« dieses Problemsystems. Sie müssen nicht anwesend sein, um die Kommunikation im Problemsystem zu halten, und sind dennoch Teil davon (Ludewig, 1992). In Patchworkfamilien heißt das: Wie die Teilnehmer und Teilnehmerinnen eine problematische Kommunikation aufrechterhalten, ist nicht an das Zusammenleben, an die Haushaltsführung, an die Anzahl und das Alter der Kinder, die Besuchszeiten und ähnliche Kategorien gekoppelt. Bedeutung wird von Subjekten hergestellt. Kommunikation ist weder zeitlich (z. B. Frequenz der Besuche) noch örtlich (Wohnungen, Zimmer) definiert. Es wird geskypt, und Kinder sehen ihre getrennten Eltern einmal im Jahr. Man kann in der gleichen Straße wohnen und sich praktisch nie sehen. Ein kooperativer Dialog der Getrennten und wohlwollende Erzählungen über nicht anwesende Teile des Patchworks sind für alle Beteiligten förderlich. Dennoch: Akteure des Patchworks können sich höchst unterschiedlich zueinander verhalten: Vielleicht verstehen sich die Trennungspartner gut, die hinzukommenden Partner aber nicht; Großeltern mischen sich destruktiv in den Wiederaufbau einer neuen Familie ein; der Familienrichter bzw. die Sozialarbeiterin bemängelt den elterlichen Umgang mit den Kindern usw.

Betroffene suchen professionelle Hilfe oder sie wird verordnet. Sich über Mitredner und -rednerinnen im komplexen Patchwork zu informieren ergibt Sinn. Nur so können Professionelle einschätzen, ob die aktuell präsentierten Aufträge durchführbar sind: Die Aufträge der Ex-Partner und deren Kinder, der hinzukommenden Partner und die der sozialen Vermittler aus dem öffentlichen Bereich (Schule, Arbeitsstelle, Gericht, Jugendamt), sie alle erhalten das Problemsystem.

Professionelle bedenken selten, wie vielseitig die Kränkungen sind, die bei allen Beteiligten vorhanden sein können. Dabei sind sie Mitgestalter einer möglichen Veränderung. Machtvolle Kommunikation von Hilfesuchenden und von den nicht anwesenden Mitakteuren bestimmen das Setting des Hilfeangebots: ein Brief, ein Telefonat, Anwesenheit. Das Einstellen oder die pragmatische Reduktion der Kommunikationsfelder (z. B. keine gemeinsamen Weihnachten und Geburtstage mehr) ist für Akteure oft erleichternd. Der Familienmythos ruft subtil und unbewusst die Akteure zur Wiedervereinigung der Ursprungsfamilie auf. Professionelle können hier helfen, durch andere Kommunikation und pragmatische Verbesserung der Umgangsformen die Akzeptanz für neue Familienformen zu erhöhen. Das ist sehr bedeutsam. Denn jede Person ist im Patchwork auf die eigene Sichtweise fokussiert und sieht die entstehenden emotionalen Kollateralschäden meist nicht. Dass sich die Perspektiven polarisieren, gehört immer zum Trennungsprozess und zur Entstehung neuer Familien. Diese Polarisierung ist aber gefährlich. Indem die Beraterin bzw. der Berater systemisch um die Ecke denkt bzw. die Perspektiven jener, die abwesend sind, emotional einbezieht, versucht sie bzw. er, mit den Betroffenen gemeinsam den vergangenen Beziehungen Ehre zu erweisen und gleichzeitig neue Bindungen zu festigen. Alternativen zum Familienmythos werden sichtbar.

Patchwork – emotionales Feuerwerk und Kollateralschäden

Heterosexuelle Kernfamilien, polyamoröse Liebesbeziehungen[2], Regenbogenfamilien[3], Singles, Paare im »Living-Apart-Together«[4], Fernbeziehungen, einseitige oder beidseitige Stieffamilien, Patchworkfamilien, Alleinerziehende und Wohngemeinschaften – sie alle können Kinder einbeziehen, als Hauptwohnsitz im Haushalt, als Besuchskontakt im partiellen Haushalt oder als Ort der zufälligen Begegnung mit einem Elternteil (Ahlers, 1998). Sie können prinzipiell kernfamiliengeleitet interpretiert werden (Funcke, 2017).

Indem Elternteile mit dem zum jeweiligen Lebensabschnitt passenden Partner in Beziehung sind, nehmen sie den Nachwuchs in das Projekt der Selbst- und Sinnfindung mit. Der Alltag verändert sich für die Mitspieler durch die Handlungen Einzelner (vgl. Abbildung 1, S. 46).

Ein Beispiel: Eine Kernfamilie verwandelt sich auf der Seite der Mutter in eine Regenbogenfamilie. Der Vater verschwindet. Es folgt die dreijährige Beziehung zwischen der Mutter und ihrer Freundin. Danach leben die Kinder alleine mit ihrer Mutter, bis diese mit einem heterosexuellen Partner zusammenzieht. Dieser kümmert sich liebevoll um die Kinder, ein weiteres Kind wird geboren. Der biologische Vater der ersten Kinder meldet sich nach vielen Jahren wieder. Die

---

2 Oberbegriff für offene Beziehungen, in denen bei gegenseitigem Einverständnis mehrere Menschen zur selben Zeit geliebt werden. Die Sexualität steht nicht im Vordergrund.
3 Bezeichnet alle Familien, in denen Kinder bei gleichgeschlechtlichen Partnern leben.
4 Ins Deutsche übersetzt: »getrennt zusammenlebend«. Der englische Begriff ist hier eindeutiger und wird deshalb häufig zur Umschreibung dieser Lebensform verwendet.

Kinder, mittlerweile junge Erwachsene, bemühen sich, den Vater zu integrieren und niemanden zu kränken.

Diese Mutter hat den Rahmen für die zukünftigen Bindungen ihrer Kinder bestimmt. Patchworks erweitern sich mit dem Lebenslauf Einzelner durch hinzukommende Elternfiguren, Halbgeschwister, Stiefenkel und Wahlverwandte (Sieder, 2008).

Daneben gibt es durch die globale Zuwanderung Parallelwelten, in denen Partner nicht frei gewählt werden. Familie wird dort teilweise arrangiert und ihr Innenleben funktioniert nach festen Regeln. Wie vielfältig diese Partnerschaften gelebt werden, zeigen diese Beispiele:

- Der syrische Asylbewerber mit seiner Erstfrau und seinen Kindern, der eine Zweitfrau und ihre Tochter mitbringt. Die Existenz der Zweitfrau wird im Gastland nicht offengelegt, aber das Verhältnis wird gelebt. Wie erzählt die kleine Tochter in der kulturell gemischten Grundschulklasse von ihrer Familie?
- Die arrangierte Heirat zwischen dem Sohn aus der zweiten Generation türkischer Einwanderer in Wien und der Dorfbewohnerin aus Anatolien stiftet eine Ehe, die fast immer – so höre ich[5] – nach dem ersten Kind zerbricht.
- Familien, die nach traditionellen Vorgaben leben, katholisch, muslimisch, evangelisch, jüdisch: Mann und Frau tragen lebenslang Sorge füreinander und für ihre Nachkommen.

Diese Erlebniswelten treffen im gemeinsamen Lebensraum zusammen. Man sieht sich in der U-Bahn, beim Einkaufen, beim Elternabend. Während auf der einen Seite die Lesbian-Gay-Bisexual-Transgender-

---

5 Mündliche Information einer türkischen Therapeutin, die in einer öffentlichen Beratungsstelle für Migranten und Migrantinnen arbeitet.

Intersex-(LGBTI)-Community für das Recht kämpft, jedwede sexuelle Orientierung leben zu dürfen, sind andere schockiert, dass Homosexualität in der neuen Wahlheimat nicht kriminalisiert wird.

- Der türkische Oberarzt aus der zweiten Einwanderergeneration kann sich nicht entscheiden, seine oberösterreichische Liebe zu heiraten, weil sie mit mehreren früheren Partnern Sexualität gelebt hat, sagt er. Unüberwindbares Problem ist seine Mutter, die in diese Liebesgeschichte, traditionsgemäß, hineinregieren darf und die keine westliche Frau für ihren Sohn will. Er und seine Freundin besuchen jeweils eine Einzelpsychotherapie.
- Kontrastiert wird das Beispiel durch den serbischen Mann, mittlerweile Vater von erwachsenen Kindern aus zwei serbischen Ehen, der sich im reifen Alter nun auf eine westliche Frau mit Tochter und stark feministischen Einstellungen einlässt. Sie lehrt ihn, den serbischen Macho, gendersensibles Verhalten.

Diese Sammlung von Lebens- und Liebesformen soll der Leserin/ dem Leser zeigen, dass es kein Modell gibt, welches konventionell für alle akzeptabel ist. Stattdessen werden sie in der Lebensgeschichte Einzelner in Parallelwelten vermischt. Brüche und Neuanfänge von Beziehung sagen den weiteren Lebenslauf einzelner Akteure nicht voraus: So kann ein dreimal geschiedener Vater in einer neuen Beziehung erstmals ein guter Vater sein; dagegen hält der Jugendliche den neuen Partner der Mutter nicht aus, obwohl die Trennung seiner Eltern für ihn unproblematisch war; die Regenbogenfamilie zieht eine junge Erwachsene auf, die sich ihrerseits später für eine heterosexuelle Bindung entscheidet, und die streng katholisch verankerte Familie »verliert« ihre Tochter durch Heirat mit einem Moslem.

Im ersten Moment der Trennung scheint es Gewinner und Verlierer zu geben. Aber das Blatt kann sich wenden: Der Betrogene findet später eine passende Frau, die Betrügende wird bald vom neuen Partner verlassen. Die Trennung und Neufindung von Lebenspartnern hat kein Ende. Die Polarisierung von Bedürfnislagen, Sehnsüchten und Kränkungen gehört dazu. Trennungskompetenz und die Zuversicht in Bezug auf neues Beziehungsleben erfordern flexibles Umdenken und wohlwollenden Optimismus, was kategorial beurteilend erschwert wird. Mit einer »polyvalent« orientierten Empathie (Ahlers, 2017) gegenüber den Perspektiven der Mitglieder des Problemsystems im Patchwork ist es möglich, die Wege der Betroffenen in allen Konstellationen denkend und fühlend nachzugehen und dann die Intervention zu planen.

Scheidungsforschung

Zwei Langzeitstudien haben über Jahre die Forschung über »Scheidungsfolgen« bestimmt. Hetherington und Kelly (2003; Hetherington, 1999) konzentrierten sich auf die ganze Familie und sahen die Scheidungsfolgen für diese nach zwei Jahren in ein neues Leben integrierbar, während Wallerstein und Blakeslee (1989) und Wallerstein, Lewis und Blakeslee (2002) für die Kinder getrennter Eltern lebenslange Scheidungsfolgen prognostizierten. Beide Forschungsteams lieferten zum jeweiligen Fokus laufend Ergebnisse. Populärwissenschaftliche Literatur knüpfte ihre Ratschläge jeweils an die eine oder die andere Studie. Der psychoanalytische Diskurs von Wallerstein und Blakeslee (1989) ist dabei federführend für ein defizitorientiertes Verständnis von Scheidung. Scheidung ist heute normal geworden (Ahlers, 2014a; 2014b; Esser, 2016), doch die Empfehlungen von damals wirken noch, etwa wenn Eltern geraten wird, mit ihren biologischen Kindern Zeit ohne den neuen Partner bzw. die neue Partnerin zu verbringen. Ein aktueller Praxisfall zeigt, wohin es führen kann, wenn auf diese Weise die Bedeutung der früheren Familie zu stark akzentuiert wird: Die zwölfjährige Tochter, seit der Trennung der Eltern vor sechs Jahren dem Vater gegenüber hoch zwiespältig, verbietet ihm gemeinsam mit der Mutter, mit seiner neuen Freundin und deren Kindern zusammenzuziehen. Die Institutionen der Jugendwohlfahrt fokussieren Kinder und Jugendliche, und auch sie blenden die neue Umwelt öfters aus. Eltern in Trennung werden aufgerufen, sich »adäquat zu verhalten«. Statements im Sinne des Kindeswohls zum geteilten elterlichen Sorgerecht und Respekt für den anderen sind Verhaltenskodex, Lebenspartner bleiben unerwähnt.

Es ergibt sich eine Menge an differierenden Kontextinformationen, die forschungstechnisch wohl nicht umfassend administrierbar ist und auch keine kategorialen Vorhersagen zulassen dürfte. So ist der angemessene Forschungszugang vermutlich eher ein qualitativer, der den jeweiligen Einzelfall auslotet und bei dem der qualifizierte professionelle Zugang im Eintauchen in die Narrative der Problemsysteme und deren Analyse besteht.

Einzigartig und situativ ist die Konstellation des Patchworks. Sie ist für jeden anders: Das Erleben der Trennung, ökonomische und rechtliche Details rund um den Lebensstandard und die Lebensraumgestaltung vorher und nachher, Alter der Kinder, Besuchsregelungen, Arbeit der Eltern, soziale Kompetenz, Integration der vorausgegangenen Trennung und Wünsche an das weitere Leben, die hinzukommenden Partner etc. – all das ist je nach Fall unterschiedlich. In der Beratung von Patchworkfamilien geht es um das Erkennen, welche Aufträge realisierbar sind und welche Mitglieder im Patchworksystem mitreden, und darum, wie man konstruktive Kooperation fördern bzw. eskalierende Konflikte vermeiden kann. Gerahmt werden die psychotherapeutischen bzw. mediatorischen Realitäten der getrennten Eltern und ihrer Kinder vom länderspezifischen Scheidungsrecht und den Rechtslagen rund um die Fürsorge für die Kinder.

Die systemische Beratung

Systemisches Patchwork im professionellen Umfeld

Das Hilfesystem bestimmt die Kommunikationen im Patchwork wesentlich mit: Kommen die Teilnehmer und Teilnehmerinnen freiwillig in die Beratung oder weil es ihnen verordnet wurde? Kommen Kinder, Verlassene oder neu Hinzukommende? Sind sie zur Kooperation bereit oder wollen sie eigentlich eher über Abwesende schimpfen? Wird der Kontext der stattfindenden professionellen Hilfe von den Beteiligten richtig adressiert, als Psychotherapie, Mediation, Scheidungsberatung, Konsultation für die Klage bei Gericht, Beweisführung etc.? Erste Aufträge werden in der Beratung oft aus polarisierten Perspektiven erteilt. Im Eifer des emotionalen Gefechts werden häufig die Schauplätze verwechselt (Ahlers, 2014b). Beratende sollten sich fragen: Gibt es Betroffene, die professionelle Hilfe ablehnen, und warum tun sie das gegebenenfalls? Inwieweit sind die Mitglieder des Problemsystems emotional, was die Trennung, Loslösung und den Wiederaufbau von Beziehungen betrifft? Der Faktor Zeit wird wichtig, wenn z. B. ein Partner die Trennung schon lange plant und der andere erst vor Kurzem damit konfrontiert wurde. Das Tempo der Trennungsverarbeitung ist individuell, das sollte in der Beratung berücksichtigt werden. Das Abschließen der zurückgelassenen Beziehung ist für das Zulassen einer neuen ausschlaggebend. Oft schaden Akteure, die ihr Leben seit dem Bruch der Beziehung vor allem in die Vergangenheit hinein orientieren, ihren Mitspielern und Mitspielerinnen (sowohl Kindern wie Erwachsenen).

Das Setting für die Begleitung solcher Probleme ist die Einzeltherapie, in der die Trennungsbewältigung im intimen Dialog angesprochen wird und in der es möglich ist, die Person gelegentlich mit der Einengung durch das Festhalten von Vergangenheit zu konfrontieren (Ahlers, 2014a). Einzeltherapeutische Sitzungen können gelegentlich die Kinder einbeziehen, um gemeinsame Trauerrituale zu erarbeiten. Trauer braucht Zeit. Sie sollte jedoch zum Abschluss kommen. Ambivalenz zwischen Hoffnung und Trauer bringt langfristig keine neue Energie.

Für das Paar beginnt der Trauerprozess, wenn beide sehen, dass die Beziehung beendet ist. Wenn dieser Zeitpunkt für beide Partner nicht derselbe ist, wie es häufig der Fall ist, geht es darum, die Trennungsambivalenz professionell zu begleiten. Es geht um den Abschied und Neuanfang für alle Beteiligten. Kinder sehen Elternteile in einer neuen Umgebung, eventuell mit neuen Partnern und deren Kindern. Dieser Übergang ist für die Eltern oft schmerzhafter als für den Nachwuchs. Aber auch hinzukommende Partner suchen Hilfe auf, weil sie ihren Platz im Patchwork nicht finden. Eine gute Form der Integration des Ursprungssystems in das neue Leben steht im Blickpunkt der Beratung. Schnell lernt man, dass man in der Arbeit mit dem Patchwork ohne Pragmatismus und strategisches Denken nicht auskommt. Eine solche Haltung findet Kompromisse, durch die schwierige Kommunikationsspiele einfacher werden. Eine machbare und tragbare Lösung ist wichtiger als die volle Zufriedenheit bei allen. Die strategische Haltung schließt fantasierte Mitredner und Mitrednerinnen in den professionellen Kommunikationsakt ein, wie z. B. Ex-Partner, deren Eltern, hinzukommende Partner, Kinder, Chefs und Kollegen bzw. Kolleginnen, Lehrer und Lehrerinnen, Familienrichter bzw. -richterinnen, das Jugendamt. Ihr Mitreden konstruiert Lösung versus Pattstellung:

– Kinder üben sich in Diplomatie, indem sie darüber nachdenken, was sie Papa/Mama erzählen und was sie lieber für sich behalten. Oder sie spalten, indem sie ihrer Mutter verkünden, dass sie lieber beim Papa sind, weil er sie länger fernsehen lässt.
– Mütter und Väter können sich mehr oder weniger stark provozieren lassen, abhängig davon, wie ihr Selbstwert nach der

Trennung erhalten ist. Ihre Ex-Partner können kooperativ sein, indem sie auf das Kind einwirken, es solle dem anderen Elternteil gehorchen und verstehen, dass er/sie es schwer hätte, oder sie können die Rivalität schüren, indem sie in einen Kampf um das Kind treten.
- Hinzukommende Partner können zwischen den Ex-Partnern eine mediatorische Funktion wahrnehmen, oder sie können durch ihre eigene Eifersucht die Besuchszeiten vereiteln.
- Familienrichter können die Kontaktlosigkeit der Streiteltern akzeptieren oder sie verordnen ihnen eine Mediation. Dort eskalieren die Konflikte unter Umständen weiter und landen wieder vor Gericht.

Die rekursiven Kommunikationsspiele im Patchwork und ihre Störungsanfälligkeit können sichtbar gemacht werden. Die Handhabung des Patchwork-Problemsystems in der Beratung kann derartige Kommunikationsmuster eskalieren lassen oder deeskalieren, kann sie heilen oder zur weiteren Störung der Kommunikation beitragen. Professionelle Umwelten (Therapeutinnen, Mediatoren, Jugendamtsmitarbeiterinnen, Lehrer, Richterinnen) wirken zusammen mit den persönlichen (Familie, Freunde, Bekannte) auf das Patchwork.

Problemsysteme bleiben für andere unsichtbar. Der »blinde Fleck« (Luhmann, 1997) ist dem System immanent. Das heißt: Die Einschränkung auf die eigene, einzige Perspektive macht Mitglieder des Systems blind. Die Betroffenheit verstellt oft die Aussicht auf Lösungen. Professionelle verstehen das und nehmen Anteil an den Emotionen. Gleichzeitig führen sie als professionelle Reflexion Beobachtungen zweiter Ordnung (von Foerster, 1984) ein, mit denen sie Einzelnen im Problemsystem durch die Veränderung von Sichtweisen die Hoffnung auf neue Alternativen vermitteln.

Chronometrie der Trennung

Phasen der Enttäuschung und der Wut auf den Partner, der Ambivalenz zwischen Hoffnung und Verzweiflung, der Neugierde auf das neue Leben und Angst davor begleiten jede Trennung. Scham, Verzweiflung, Schuldgefühle, Zukunftsängste und ähnliche, starke Emotionen wechseln sich ab. Sie sind nach außen sichtbar oder auch nicht. Die beiden Partner erleben ihre Gefühle im Trennungsprozess unterschiedlich stark und zu anderen Zeitpunkten. Das macht es für die Mitbeteiligten, allen voran für die Kinder, besonders schwierig, die eigene Position zu bewahren. Grundsätzlich haben die Eltern die Verantwortung für die Trennungsbegleitung ihrer Kinder. Allerdings bedingt die Trennung oft krisenhafte Ausnahmezustände, die einen adäquaten Umgang mit der Situation erschweren. Erst nach einiger Zeit kommen die gekränkten Erwachsenen meist wieder ins Gleichgewicht, und damit kann das auch ihren Kindern gelingen.

Trennungskrise: Missgunst oder Wohlwollen

Der Umgang mit der Trennungskrise steckt den Rahmen für den weiteren Verlauf des Patchworks ab. Emotionale Krisen sind die Regel. Die Möglichkeit einer Klärung ad hoc oder die unmittelbare Toleranz des Partners bzw. das Erhalten eines funktionierenden Alltags seitens des Paares signalisiert, dass die Kommunikation nach der tatsächlichen Trennung konstruktiv wird. Die Bereitschaft, den anderen zu verstehen und Angriffe nicht persönlich zu nehmen, ist permanent gefährdet. Professionelle können beide Partner beratend auffangen, indem sie Krise und Ambivalenz als Momente der Trennung thematisieren. Letztlich spricht eine Person die Trennung aus. Danach sind Professionelle meist für eine der beiden Personen zuständig. Die Paarbegleitung ist gut, bis die erforderlichen Schritte rund um die Trennung klar ausgesprochen sind. Danach ist das Einzelsetting besser. Zur Verhandlung der »Kinderzeiten« ist die Mediation empfehlenswert. Oft wird sie mit dem Scheidungsprozess vermengt. Die professionellen Schnittpunkte behindern einander und konstruieren oft das erste Problemsystem. Manchen Paaren gelingt es, fürsorglich und emotional aufeinander bezogen, den Ausstieg aus der Beziehung zu schaffen.

Fallbeispiel: Toms und Helenas Trennungskompetenz

Ein Krankenpflegerpaar sucht mich für eine Beratung auf. Sie ist sehr gekränkt: Er hat grade die gemeinsame Wohnung renoviert und sich trotzdem neu verliebt. Die Kinder sind es wegen der Nachtdienste beider Eltern gewohnt, entweder mit dem Vater oder mit der Mutter allein zu sein. Deshalb hat sich seit dem Auszug des Vaters wenig in ihrem Alltag verändert. Die Wohnung ist das Erbe des Vaters. Es wird in der Therapiesitzung ein Zeitraum vereinbart, während dessen die Mutter dort bleiben und sich ihrer Kränkung widmen kann. Sie bestimmt mit darüber, was er den Kindern erzählt und wie lange er wartet, bis er sie mit der neuen Freundin bekannt macht. Seine empathische Fürsorge fördert ihr Vertrauen in sich selbst. Dennoch ist klar ausgesprochen, dass es eine Trennung ist. Zwei Monate später ist sie ausgezogen. Ihr soziales Netz stützt sie. Er hat seine Versprechen eingehalten, und das kann sie schätzen. Das elterliche Miteinander funktioniert. Sie brauchen keine weiteren Sitzungen.

Bis heute berühren mich die beiden Therapiegespräche. Sie konnte und durfte weinen, er konnte sie zwar nicht trösten, aber er hielt eine vorsichtige Distanz und zeigte Bereitschaft, alles zu tun, um ihr zu helfen, darum wissend, dass er ihr sehr wehgetan hatte. Die Zeit, die sie brauchte, um ihre Kränkung so weit zu überwinden, dass sie mit ihm und den Kindern kompetent umgehen konnte, war kürzer als ursprünglich von beiden anberaumt.

Die Trennungskompetenz dieser zwei Menschen lässt mich vermuten, dass sie mit den Kindern heute gut verbunden sind und dass das gegenseitige Vertrauen in die Elternrolle steht, möglicherweise auch, dass hinzukommende Partner gut integriert wurden.

Fallbeispiel: Carlas errungene Trennungskompetenz

Ein Paar trennt sich, beide arbeiten im selben Krankenhaus. Er hat sie mit einer befreundeten Arbeitskollegin betrogen. Er zieht aus und entzieht sich dem Gespräch. Ihre Klärungsversuche (»Was habe ich versäumt oder nicht gesehen?« oder »Wie wollen wir das mit den Kindern machen?«) landen im Nichts. Nach Monaten ohne Regelung mischen sich seine Eltern mediatorisch ein. Sie handeln Besuchszeiten aus und koordinieren diese. Zu mir kommt die verlassene Mutter. Sie ist trennungskompetent, was sich darin zeigt, dass sie, trotz ihrer Wut auf den Ex und dessen neue Partnerin, proaktiv etwas unternimmt. Sie trifft Freunde und lernt neue Leute kennen. Mehrere Anläufe zu neuen Bindungen und das temporäre Ausschalten der Auseinandersetzung mit dem Kindesvater folgen. Kontakte zwischen ihm und seinen Kindern gibt es nicht. Sie findet einen Trostspender und Ersatzvater, die Beziehung endet nach einem Jahr: Er sei nicht der richtige Liebespartner für sie. Es tut ihr sehr leid, dass sie diesen Mann verletzt hat. Sie ist wieder alleine. Sie kommt über einige Jahre gelegentlich zu mir, um sich beraten zu lassen. Ihre berufliche Karriere bleibt auf der Strecke, weil der Kindesvater sie nicht unterstützt. Sie sattelt beruflich um, darauf bedacht, dass sie ihre Kinder gut betreuen kann, als Mutter bleibt sie dem Genderdiskurs treu.

Langsam beginnt für sie beruflich und privat ein neues Leben. Inzwischen haben sich seltene Besuche der Kinder beim Vater eingespielt. Zwei Jahre später taucht ein intellektuell für sie interessanter Mann auf. Sie heiraten und bekommen einen Sohn. Die Besuchskontakte ihrer zwei Töchter triggern immer wieder ihre schwierige Trennungszeit. Gelegentlich coache ich ihre damit verbundenen Unsicherheiten, mit denen sie ihre aktuelle Beziehung nicht belasten möchte.

Der Fall begleitet mich bis heute in meinem Herzen. Ich habe aus der Trennungsbewältigung dieser Frau gelernt, dass auch das Schlimmste – in angemessener Zeit – überwunden werden kann. Sie macht es ganz allein: trauern und weinen, für die Kinder da sein, ihre Berufswünsche verändern, neue Männer suchen und sie geläutert wieder verlassen, heiraten und sich zu einem weiteren Kind entschließen. Es ist eine gelungene Trennung bei schwierigen Voraussetzungen. Die persönliche Kraft dieser Frau hat nicht jede oder jeder.

Coming out: Wie sage ich es den Kindern?

Eine häufige Frage in der ersten Beratungssitzung eines sich trennenden Paares ist, wie die bevorstehende Trennung den Kindern zu vermitteln ist. Das Elternpaar möchte »richtig« vorgehen. Aus meiner Erfahrung empfiehlt es sich, die Kinder erst öffentlich zu informieren, wenn der Umzug bzw. der Auszug eines Elternteils in Sicht ist, denn davor ändert sich der Alltag der Kinder nicht. Das Ausziehen eines Elternteils aus dem Schlafzimmer ist sichtbar genug. Erwachsene glauben, den Kindern etwas erklären zu müssen, wo das gar nicht notwendig ist.

Kinder in die Planung und Umgestaltung ihres Lebens einzubeziehen ist wichtig, gestaltet sich aber oft schwierig, weil die Stimmung der Eltern im Moment der Trennung labil ist. Eltern können in diesem Zusammenhang durchaus beruhigt werden: Kinder vergessen Ausnahmezustände (bei Mutter und Vater) leichter, wenn sich das neue Leben stabilisiert hat.

Die Trennungserzählung sollte an das Entwicklungsalter der Kinder angepasst werden. Dass man aufhört »sich zu mögen«, wissen

Kinder aus ihrem Umgang mit Kindergarten- oder Grundschulkameraden: »Gestern war Cathy noch meine Freundin, heute will sie es nicht mehr sein.« Eltern beruhigen intuitiv: »Da ist doch auch noch Hannah oder Lore, du wirst jemand Neuen finden.« Die Erklärung der Erwachsenen kann metaphorisch an solche Erlebnisse anknüpfen.

Jugendliche ahnen die Gründe für die Trennung ihrer Eltern oft. Ihnen sollte man kameradschaftlich und zukunftsbezogen begegnen. Ob die Trennung eine gemeinsame Entscheidung der Eltern oder die einsame Entscheidung eines Elternteils ist, hat Auswirkungen auf die Kommunikation über die Trennung. Verlassene erzählen den Kindern ungern die Trennungsgeschichte. Der Verlassende ist in der Verantwortung, die im Moment passende Trennungsgeschichte zu finden. Für beide ist ein Narrativ hilfreich, das es unterlässt, Opfer und Täter zu installieren und für einen Elternteil zu werben, es also ermöglicht, dass Kinder und Jugendliche beiden Seiten freundlich begegnen können. Es gibt nicht eine »richtige« Erzählung zu einer Trennung, sondern nur die bestmögliche in der jeweiligen Situation. Das Narrativ ist außerdem dynamisch und wandelbar; es wird später aus der jeweiligen Perspektive (Mutter, Vater, Sohn, Tochter) an die eigene Lebenslinie angeglichen werden. Die Erklärung der Trennung verändert sich mit den zukünftigen Projekten der Akteure. Die Zeitspanne, in der sich die Trennung vollzieht, definiert sie als Krise oder als langfristiges Phänomen, wie die folgenden Beispiele zeigen.

Fallbeispiel: Alles an einem Tag

Da ist die Frau, die am Morgen erfährt, dass ihr langjähriger Lebenspartner am Nachmittag zu seiner Freundin ziehen wird. Vor drei Wochen hat er ihr noch eine Liebeserklärung gemacht. Der gemeinsame vierzehnjährige Sohn und ihre neunzehnjährige Tochter aus ihrer früheren Beziehung werden ohne eine Erklärung vor vollendete Tatsachen gestellt. Die Tochter wird dem »Wandervater« seinen plötzlichen Auszug nie verzeihen. Der gemeinsame Sohn hat es schwer, allen gerecht zu werden. Freunde des Paares sind im Zwiespalt und ratlos, wie sie sich verhalten sollen. Die Frau wird in der heftigsten Phase der Kränkung von mir begleitet. Der Sohn ist häufiges Thema unserer Gespräche, seine Noten sind schlecht, und er schwänzt die Schule. Ihre Mutter hilft, aber der Vater ist abgewandt. Als sie selbst nach einer heftigen Trauerphase begonnen hat, die Trennung zu akzeptieren, und ihr neues Leben gestaltet, kann sie die Geschichte anders erzählen. Die Zeit hat sie auch persönlich verändert und ihr neue Entwicklungsmöglichkeiten eröffnet. Nun kann sie sagen, dass sie der Trennung zustimmt. Langsam verändert sich auch der Kontakt zwischen Sohn und Vater. Das Thema »Schuld« verliert für die Mutter an Wichtigkeit. Parallel dazu akzeptiert sie den vorsichtigen Vater-Sohn-Kontakt, und dem Sohn geht es besser, weil er sich um die Mutter nicht sorgen muss. Er erlebt Befreiung und bekommt jugendliche Freiräume.

Fallbeispiel: Erklärungen am Spielplatz

Ein junges Paar besucht mich gemeinsam. Sie sind sich über die Trennung einig, und er hat schon eine neue Wohnung. Es gibt zwei Kleinkinder, zwei und drei Jahre alt. Wie und wann sollen sie es den so kleinen Kindern vermitteln? Wir erarbeiten für den Übergang folgende Handlungsabfolge: Die Mutter besucht die neue Wohnung des Vaters und hilft ihm bei der Kinderzimmereinrichtung. Die Kinder werden nachher aufgeklärt, sie sind zu klein, um bei der Planung einbezogen zu werden. Die Familie trifft sich auf dem Spielplatz vor dem neuen Haus und die Eltern erklären ihren Kindern dort ihre Trennung und die neue Wohnsituation. Die Kinder sind abgelenkt, während sie die Geschichte hören: Sie freuen sich über den Spielplatz und fragen ihren Vater, wie oft sie dort sein werden. Die Eltern sind zufrieden.

Zwei Sitzungen haben den Prozess begleitet. Die Partner waren beide entschlossen und klar. Sie wollten nichts anderes als ein Coaching für den Übergang.

Streit im Paar – Streit bei den Eltern

Es ist hinreichend bekannt, dass Elternpaare, die sich im Streit befinden, toxische Wirkungen auf ihre Kinder haben, egal ob sie getrennt oder zusammen leben (Zemp u. Bodenmann, 2015; van Lawick u. Visser, 2017). Trennung ist kein Garant für eine Beruhigung der Situation. Es kann weiter gestritten werden, um die Aufteilung und die Übergabe der Kinder, um die Ferienverteilung, um die Alimente usw.

Dass solche Paare professionelle Hilfe aufsuchen kann freiwillig geschehen oder auf Anordnung, und dementsprechend ist die Motivation zur Veränderung unterschiedlich ausgeprägt. Bis heute verfolgt mich eine Szene, wo mir ein Vater erzählte, dass die Mutter seiner Töchter diese vor der Übergabe an ihn im Auto umzieht, damit die von ihr gekaufte Kleidung nicht in der fremden Wohnung lande. Die Optimierung der Wäscheverteilung ist häufiges Thema der Beratung, bei Eltern und vor allem bei Jugendlichen.

Häufig begleiten aufwendige juristische Akte das streitende Ex-Paar, die aber selten zur Verbesserung der Situation beitragen. Das Mehr an Mitspielern im Problemsystem bringt keine zusätzliche Kooperation der Eltern, die sich von noch mehr Personen falsch beurteilt fühlen. Die Perspektiven polarisieren sich weiter. Gerichtliche Maßnahmen beziehen die Eskalationsspirale zwischen den Eltern oft nicht ein und gehen vom Erfolg der Verordnung aus. Letztlich landet der Fall wieder beim Gericht und die selten gelesene Akte wird um ein paar Seiten länger.

Meine durchgehende Erfahrung mit Eltern im Streit ist, dass ein strategisches Vermeiden des gemeinsamen Gesprächs Erleichterung für beide bringt. Wenig Kontakt und klare Regeln der Übergabe der Kinder – das kann funktionieren, und beide können sich darauf einlassen. Es ist besser, nicht miteinander zu reden (und möglichst mit dem Kind auch nicht übereinander), als im Streit über das vermeintliche Wohl des Kindes ständig den alten Paarkonflikt zu triggern.

Hier kann es hilfreich sein, wenn die Beratende explizit zur Vermeidung des Kontakts rät: Nicht immer bringt viel Reden eine Besserung. Die Zeit des Schweigens zwischen den Ex-Partnern hilft bei der Entflechtung, erweitert oft die empfundene Freiheit bei beiden und kann Zutrauen in den jeweils anderen fördern. Die Übergaben der Kinder funktionieren, weil man nichts voneinander hört. Professionelle können die innere Arbeit des Einzelnen im wohlwollenden Schweigen über den anderen begleiten. Im Folgenden werden ein misslungenes und ein gelungenes Beispiel meiner Hilfe bei Streitelternpaaren dargestellt.

Fallbeispiel: Die Übergabe von Maxis Fahrradhelm

Alexander konnte sich nie entschließen, zu Margit zu ziehen. Ein Kind kam auf die Welt. Er ging bei ihr ein und aus, machte Zusicherungen an die Beziehung und erweckte bei Margit das Vertrauen, dass es doch funktionieren könne. Dann verlegte er seinen Lebensmittelpunkt in eine andere Stadt. Die Nicht-Beziehung wurde eindeutig. Margit war zutiefst gekränkt: Alexander habe ihr ultimativ zugesichert, dass er die Beziehung wolle. Er habe gesagt, dass er Verantwortung für das Kind übernehmen wolle. Alexander will das wohl auch, aber gleichzeitig fühlt er sich nicht dazu in der Lage. Es überfordert ihn. Sie stellt Forderung um Forderung, er fühlt sich immer noch mehr überfordert. Die Kommunikation eskaliert permanent. Margit geht es um das Nicht-Einhalten seiner Zusagen und ihm um den unerhörten Druck, ihre unverschämten Erwartungen. Trotz mehrerer therapeutischer Anläufe im gemeinsamen und im getrennten Setting kommen sie aus der Kommunikationsfalle nicht heraus. Ein Streit um die Übergabe eines Fahrradhelms verschlingt Margits ganze therapeutische Einzelstunde. Eine Einzelstunde mit ihm erschöpft sich im Lecken seiner Wunden und im Sprechen über seine Ohnmacht ihr gegenüber. Die gemeinsamen Sitzungen enden in Schreierei. Das unsichtbare toxische Band des jahrelangen Konfliktes zwischen diesen beiden Menschen bleibt vielleicht für sie funktional, aber nicht für das gemeinsame Kind.

Die Therapiestunden verfolgen mich noch heute, obwohl sie schon Jahre zurückliegen. Undurchdringbare Aussichtslosigkeit, ein Kind – welches ich nie kennenlernte – ohne jede Deckung im elterlichen Krieg (Asen, 2017; van Lawick u. Visser, 2017).

Fallbeispiel: Biografien, die Spuren hinterlassen

Paul hatte seine Doktorarbeit im Grunde für seine Mutter geschrieben, damals in der Hoffnung, dass er sich damit endlich aus der Verpflichtung ihr gegenüber ziehen könnte. Frauen generell bereiten ihm Kopfzerbrechen. Er fühlt sich von ihnen schnell herumkommandiert und überfordert. Sein erstes Kind bekommt er mit Lisa, obwohl er schon in Anita verliebt ist. Er verlässt Lisa, seine Tochter Clara und die frisch bezogene Eigentumswohnung. Lisa, die mit Paul eine Paartherapie macht, weiß nichts von Anita. Für ihn mag die Therapie Trennung und für sie Hoffnung bedeuten. Anita bleibt ein Geheimnis. Ab dem Zeitpunkt, wo die neue Beziehung auffliegt, bekriegen sich die Frauen per WhatsApp, was Paul nicht verhindern kann. Anita sieht sich durch Pauls Tochter daran erinnert, dass er sie Lisa verschwiegen hat. Sie fühlt sich dann als »Verhältnis«. Ihr eigener Vater hat neben ihrer Mutter ein solches gehabt. Lisa fordert von Paul mehr Zeit für seine Tochter. Anita verbietet sie ihm. Projektionsflächen sind aufgebaut und der Druck wechselt von einer/einem zur/zum anderen.

Claras Halbbruder Konstantin wird geboren. Paul und Lisa führen indessen vom Jugendamt verordnete Mediationsgespräche um die Tochter. Anita, selbst schon lange in Einzeltherapie, möchte nun auch eine Paartherapie. Mit dieser werde ich erstmals Teil des Problemsystems. Da gibt es therapeutische Schauplätze, die sich gegenseitig außer Kraft setzen. Ich merke, dass Anita die Paarsitzungen nutzt, um Tochter Clara aus der familiären Beziehung zu drängen. Ich unterbreche die Paartherapie und schlage Paul Einzelgespräche vor, in die ich Anita einbeziehe, wenn es um Clara geht. Ich arbeite in den Einzelgesprächen mit Paul an der Auflösung der Projektionsflächen, um eine funktionierende Kommunikation des Patchworks zu ermöglichen. Die Einzelgespräche helfen Paul, Kraft zu sammeln, die er der »weiblichen Gestalt« entgegensetzt.

Zwei Monate später hat sich die Kommunikation entspannt, die Kontakte zwischen Paul und Clara sind zur Gewohnheit geworden und unser Thema in den Sitzungen ist Pauls dominante Mutter.

In diesem Patchwork habe ich die Aufträge für dieses Problemsystem formuliert, solche, die ich unabhängig von der Perspektive einzelner Akteure für notwendig und realisierbar hielt:
- den Kontakt zwischen Vater Paul und Tochter Clara zu optimieren,
- Pauls Durchsetzungsfähigkeit zu stärken und
- den toxischen Kontakt zwischen Lisa und Anita zu tilgen,
- an der Unterbrechung von Projektionen aus früheren Lebenszusammenhängen auf aktuelle Beziehungen zu arbeiten.

Das Konfrontieren mit nicht durchführbaren Aufträgen, z. B. Anitas Wunsch, Pauls Besuchskontakt zu seiner Tochter außer Kraft zu setzen, war ein Teil der Beratung. Wir arbeiteten an der Entkoppelung von Projektionsflächen, d. h. wir besprachen Anitas und Pauls biografische Erfahrungen mit männlichen und weiblichen Elternfiguren. Lisa wurde in das Therapiesystem nicht einbezogen, was die Kommunikation des Paars positiv beeinflusste.

Professionelle arbeiten oft nicht zusammen, weil sie nichts voneinander wissen. Konflikthafte Kommunikation bei Trennung und Patchwork bedient sich Professioneller, um die Spaltung voranzutreiben. Die Arbeit an der Transparenz sollte daher im Umgang mit Patchworkfamilien grundlegend sein.

Loyalität im Konflikt

Der Loyalitätskonflikt von Kindern, sich zwischen ihren Eltern entscheiden zu müssen, wird häufig mit der Trennung, aber auch mit dem Aufbau neuer Familien verbunden: Neue Partner der Elternteile erweitern den Konflikt um die Anzahl der Alternativen oder sie triggern die Kränkung bei jenem Elternteil, das übrigbleibt. Allerdings gibt es Loyalitätskonflikte auch in nicht getrennten Familien, eben in allen, in denen Eltern ihre Kinder instrumentalisieren. Die Instrumentalisierung der Kinder wird zwar oft durch die Trennung erklärt, es gibt sie aber häufig schon vor der Trennung. Andersherum muss sie nicht nach jeder Trennung auftreten.

Die zwiegespaltene Seele von Kindern oder Jugendlichen, sogar jungen Erwachsenen, die beiden Eltern gerecht werden möchte, erzeugt Spätfolgen, die jeder Therapeut/jede Therapeutin aus seiner/ihrer Praxis gut kennt. Diese Kinder wurden aufgehetzt, manche sind aus diesem Grund von einem biologischen Elternteil entfremdet worden. Es gibt Streiteltern mit hohem Konfliktpotenzial (Behrend, 2009; Asen, 2017; van Lawick u. Visser, 2017) und solche, die sich nach außen vorbildlich präsentieren. Loyalität wird dort subtil suggeriert, über investierte Zeit oder teure Geschenke oder Urlaube bzw. über das Interesse und die Zuwendung, die nie gleich verteilt ist. Loyalität lässt für Kinder und Erwachsene strukturelle Ungereimtheiten und oft keine faire Perspektive zu. Klassiker: Der idealisierte, weil absente Vater; eine nette, aber ungewollte Stiefmutter; die nervige, verlassene Mutter, die nach Tröstung verlangt; und auf dem Schleudersitz sitzende Hinzukommende, die sich um nicht leibliche Kinder liebevoll kümmern. Faktoren, die Loyalität beeinflussen, sind nicht immer regelbar. Wie getrennte Elternteile, Kinder und Hinzukommende mit der Loyalität zueinander umgehen, ist subjektiv und oft sogar kontingent. Patchwork-Konstellationen sind ungeplant und insofern schicksalsträchtig.

Loyalität wird vom Innenleben der jeweiligen Mitspieler und Mitspielerinnen bestimmt. Sie verarbeiten Inhalte der Trennung individuell und auf den eigenen Lebensplan bezogen, z. B.: Der Jugendliche mag die Schule nicht wechseln, das Kind mag seine Katze nicht vermissen, und der verlassene Vater will die Mutter seiner Kinder nach der Trennung weiter lieben. Erst als sie Jahre später heiratet, sieht er sich plötzlich als Opfer und verlangt die Loyalität seiner Kinder, die wiederum den Mann der Mutter mögen. Trennungsprozesse haben subjektive Zeitdimensionen und unterschiedliche zeitliche Abläufe.

Der frisch an den Vater übergebene Adoleszente mag mit seinen Loyalitäten so umgehen: Er blüht auf, ist eifersüchtig auf die Freundin des Vaters, streitet mit deren kleiner Tochter bzw. schließt sie ins Herz, oder er zieht sich zurück. Der frische Alltagsvater muss seine Loyalitäten neu verteilen, an die Freundin, an die Tochter, an seinen Sohn.

Loyalität orientiert sich temporär und unmittelbar an der Umwelt. Sie wird von allen – implizit oder explizit – immer wieder neu verhandelt. Und manche brauchen mehr, manche weniger davon, um die Bindung zu spüren.

Das Gefühl von Zugehörigkeit und Loyalität betrifft die Beziehung zwischen Kindern und ihren Eltern, jedoch genauso die hinzukommenden Partner. Ein Gefühl für den guten Ausgleich, die adäquate Abgrenzung und die optimale Verteilung kann professionell begleitet werden. Dazu wieder einige Beispiele.

Fallbeispiel: Er, seine Lebensgefährtin und seine Ex gehen zu dritt ins Kino

Bis jetzt sind die beiden Ex-Partner und die neue Freundin des Mannes zu dritt ins Kino gegangen, er besucht seine Kinder zweimal die Woche bei seiner Ex-Frau. Seine Erklärung dafür ist, dass er seiner Ex-Frau doch nur helfen wolle. In einer Therapiesitzung wagt die Hinzukommende erstmals, sich über zu viel Nähe zwischen den Ex-Partnern zu beklagen. Sie wünscht die Kontakte mit seinen Kindern in der gemeinsamen Wohnung und nicht bei seiner Ex-Frau. Die Loyalität der Kinder wird jetzt neu definiert. Die Mutter lenkt ein und die Kinder sind neugierig auf die andere Welt des Vaters. Die Ex-Frau lernt bald einen anderen Mann kennen.

Dieses Beispiel zeigt, dass alte Rituale oft aus Gewohnheit gelebt werden, man hinterfragt sie nicht.

Loyalität ist ein Gefühl, welches unabhängig von den familiären Verhältnissen und Grenzen gelebt wird. Oft verwechseln die Akteure der Ursprungsfamilie Loyalität mit Zugehörigkeit zu einer biologischen Entität. Ich empfehle in der Praxis, Grenzen zwischen den alten und den neuen Bindungen zu ziehen, die Loyalität deutlich zu machen und die Regeln der Höflichkeit bezogen auf alle Teilnehmer des Patchworks zu leben: Niemand darf abfällig und respektlos behandelt werden. Oft definiert die Benennung den angemessenen Abstand: »Freundin des Vaters, Vater- oder Mutter-Besuchs-WG,

Bekannter der Mutter« usw. Der Name verortet das Verhältnis der Beziehung. Wenn Rituale aus der Ursprungsfamilie in die neue Beziehung getragen werden, dann merkt es der/die Hinzukommende. Alte Gefühle müssen den neuen Platz machen. Alte Nähe tut nicht allen Mitgliedern des Patchworks gleichermaßen gut.

Die folgenden Beratungen zeigen unterschiedliche Loyalitätsverhältnisse im Patchwork.

42

Fallbeispiel: Einsame Tanzschritte im elterlichen Klimawechsel

Die Kinder leben im Doppelresidenzmodell (Sieder, 2008), d. h. zur Hälfte in jedem der zwei Haushalte, also jeweils mit Mutter/Vater und neuem Partner/neuer Partnerin zusammen. Die Mutter will den sechsjährigen Sohn bei uns in der Beratung unterbringen, weil der Vater dessen Wunsch, die Ballettschule zu besuchen, negativ gegenübersteht. Wir fragen uns: Möchte der Junge Ballett tanzen oder will die Mutter, dass er es will? Einzelgespräche mit Mutter und Vater bringen keinen Auftrag. Er meint, seine Ex-Frau wolle ihn kontrollieren, sie spart nicht mit diagnostischen Zuordnungen ihm gegenüber. Die separaten Elterngespräche sind geprägt von einer subtil aggressiven Stimmung, für uns Beratende fast unerträglich, für die Kinder sicher über zwei Haushalte spürbar. Uns werden über das Kind implizite Aufträge an den Ex/die Ex mitgegeben. Der Kollege, der mit dem Jungen arbeitet, spürt dessen Loyalitätskonflikt. Der Kleine verweigert deshalb auch weitere Sitzungen.

Beratende können Teil des Problemsystems werden, in dem Loyalität verlangt wird. Sie können die Dynamik nicht außer Kraft setzen. Manchmal, allerdings nicht im soeben geschilderten Fall, schaffen sie einen neutralen Rahmen für das Kind, das eine Freistunde für sich hat, ohne dass etwas weitererzählt wird. Die konstruktive Mitarbeit der Eltern ist Voraussetzung dafür, dass die einzeltherapeutische Begleitung des Kindes eine langfristige emotionale Auflösung für das Kind herbeiführt. Sonst hat es in den Beratenden zwar die wohlwollende Begleitung, spürt jedoch die Ohnmacht auch der Professionellen dem Gesamtsystem gegenüber. Die geplante Hilfe wird zur Zementierung der Unveränderbarkeit. Paradoxerweise können Professionelle keine Lösung herbeiführen, selbst dann nicht, wenn sie institutionell dazu eingestellt wurden[6].

Fallbeispiel: Der Hund als Zankapfel oder Platz im Herzen

Nach der Trennungsankündigung seiner Frau kauft der Vater einen Hund. Die Mutter mag keine Hunde. Er möchte damit seine Töchter halten, was anfangs auch gelingt. Doch die Mutter zieht mit den Töchtern aus. Der Vater gibt ihr die Schuld an der Trennung, zahlt keine Alimente, die Trennung wird konfliktiv. Sie ist Italienerin und hat vor den österreichischen Jugendamtsbeamten Angst. Sie bekommt jedoch das alleinige Sorgerecht. Bei einem Besuch der Kinder wirft er im Zorn über die Mutter ein Wasserglas an die Wand. Die ältere dreizehnjährige Tochter bricht mit dem Vater, der ihr zur Strafe den Hund vorenthält. Die jüngere Schwester hält spärlichen Kontakt zum Vater. Das wird von Mutter und Schwester begrüßt, wenn sie sich auch Sorgen machen, dass die Kleine, die zehn Jahre alt ist, überfordert wird.

Ich sehe die beiden Töchter alleine. Sie erzählen mir ein Geheimnis. Wenn die jüngere Schwester beim Vater ist, bringt sie den Hund heimlich in den Park. Dort kuscheln beide Schwestern mit ihm. Peers aus der Schule kommen dazu. Alle finden das spannend.

---

6 In Österreich sieht das neue Gesetz für hoch konflikthafte Trennungen zum Schutze des Kindes extra ausgebildete, sogenannte Kinderbeistände vor. Sie werden dem Kind »beigestellt« und sollen vor Gericht die Stimme des Kindes vertreten. Diese Stimme bleibt jedoch oft folgenlos.

Der Hund wird zum geheimen Bindungssymbol der Schwestern zum väterlichen Haushalt. Ich konnotiere diese Intervention der beiden Mädchen als großartiges Abenteuer für die Erhaltung der Bindung zum väterlichen Teil. Sie sind die Heldinnen dieser Geschichte, die nur ihnen gehört. Bis heute machen sie es so und und sie haben einen emotionalen Gewinn aus den heimlichen Treffen.

Die Stärkung der Schwestern kompensiert den Loyalitätskonflikt in der Beziehung zum Vater. Sie booten ihn aus und fühlen sich mutig und autonom. Sie gestalten Beziehung. Der Hund, der Fürsorge braucht, sie aber auch geben kann, der freudig begrüßt und abschleckt, er garantiert im kurzen Moment des Parkbesuchs für beide Mädchen einen positiv erlebten Übergang zwischen den zwei elterlichen Haushalten. Es ist ein Beispiel, wie Loyalität quasi um die Ecke, nämlich über den Hund, gehalten wird.

Komplexität und Kontingenz in der Zusammensetzung neuer Beziehungen

Nach der Fokussierung auf das Trennungsgeschehen gilt dieser Abschnitt der Fortsetzungsfamilie und den professionellen Zugängen zu ihr.

Der Lebenslauf von Karl und seine Patchworks

Die Kurznarrative von Karls Lebenslauf und die mit ihm verbundenen Fortsetzungsfamilien werden auch grafisch dargestellt (Abbildung 1), sodass sich die Lebensphasen des mittlerweile 70-jährigen Karl auf das Patchworkgenogramm (S. 46) beziehen lassen. Werden die Kurznarrative mit der Abbildung zusammen interpretiert, lässt sich die Sequenzialität und Temporalität der diversen Beziehungswelten erahnen.

Narration des Lebenslaufs von Karl

I. Karl kam 1947 auf die Welt. Seine erste große Liebe, die er mit 15 erlebte, ging mit großem Schmerz für beide zu Ende.
II. Mit zwanzig verliebte sich Karl in die zehn Jahre ältere Elli, die je ein Kind aus zwei früheren Beziehungen mitbrachte. Die beiden zogen zusammen, sie in Elternzeit bzw. Karenz, er gerade am Beginn seines Studiums. Die gemeinsame Tochter Eva kam auf die Welt. Der Student Karl war ein liebevoller Vater für alle Kinder bis zu dem Zeitpunkt, an dem er nach drei Jahren die Familie verließ. Als die Lebensgemeinschaft zu Elli zerbrach, war Eva zwei Jahre alt. Jetzt ist Karl siebzig und seine Tochter fünfzig Jahre alt. Eva lebt mit ihren vier Kindern in Kärnten. Ihre Ehe ist unglücklich. Nach Jahren des Kontaktabbruchs kann ihr Vater sie heute finanziell und emotional stützen.
III. Mit 24 lernte Karl die zwanzigjährige Studentin Simona kennen, intellektuell besser zu ihm passend als Elli und politisch aktiv. Schnell wurde geheiratet. Sie machten große Reisen und lebten während des Studiums eine aufregende Beziehung. Die Ehe hielt zehn Jahre.
IV. Nach seiner beruflichen Versetzung in eine andere Stadt verliebte sich Karl in seine Arbeitskollegin Ria. Sie wurde schwanger, sein erster Sohn Peter kam auf die Welt. Karl zog mit Ria nicht zusammen. Er wollte beide Frauen halten. Simona wartete zwei Jahre hoffnungsvoll auf ihn und trennte sich dann enttäuscht. Nach langem Singledasein lernte sie sechs Jahre später ihren zweiten Mann kennen. Konrad ließ für Simona Frau und Tochter in Kanada. In der neuen Ehe wurde Sabina geboren. Ria hielt die Beziehung zu Karl, solange es Simona gab. Die Trennung beider Frauen von Karl erfolgte kurz nacheinander. Ria zog danach mit Peter zu ihrem Lebenspartner Kurt und dessen Sohn Alex, der ähnlich alt wie Peter ist.

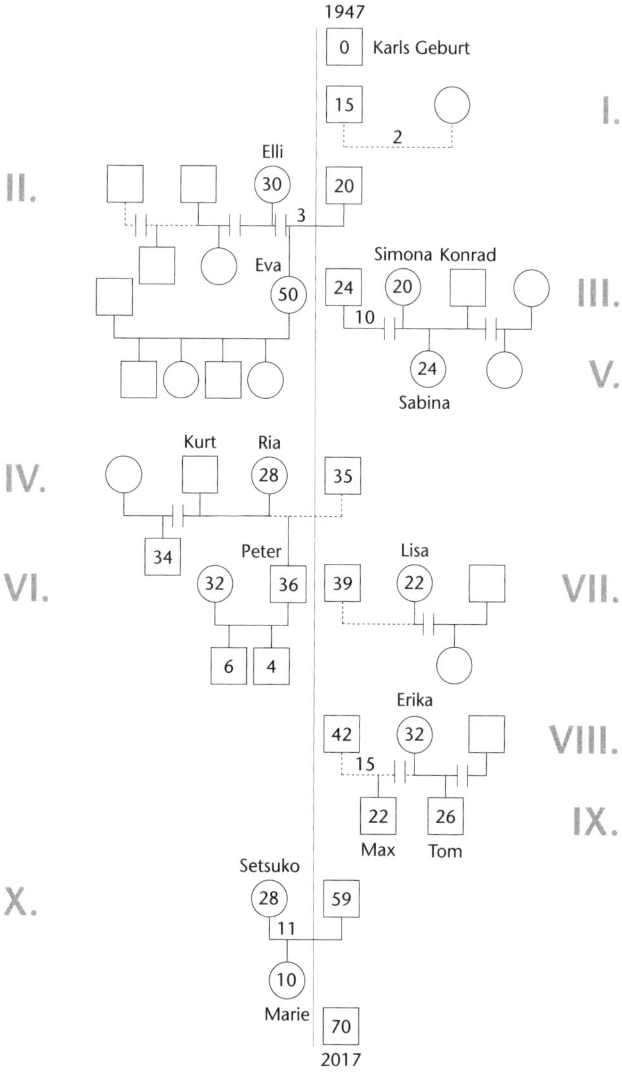

Abbildung 1: Karls Patchwork

V. Simonas Tochter Sabina ist jetzt 24 Jahre alt und studiert Medizin. Karl und Simona haben nach Jahren ohne Kontakt heute eine angenehme und zugewandte Beziehung. Ihre Kameradschaft verstärkt sich, wenn Simonas Ehemann seine Tochter aus erster Ehe in Kanada besucht. Simonas Tochter Sabina teilt persönliche Interessen mit Karl und freut sich auf die Zeit mit ihm, wenn der leibliche Vater in Kanada weilt.

VI. Karls Sohn Peter aus der Kurzbeziehung mit Ria ist jetzt 36 Jahre alt, verheiratet, mit zwei kleinen Kindern. Jeden Sommer fahren der siebzigjährige Karl mit seiner aktuellen Familie (Frau Setsuko und Tochter Marie), Peter mit Familie, Peters Mutter Ria und ihr Lebenspartner Kurt und dessen Sohn Alex zusammen in den Badeurlaub. Man genießt die Zeit des Miteinanders im Patchwork mehrerer Generationen. Die Erwachsenen und ihre Kinder passen gut zusammen und freuen sich auf den jährlichen Urlaub. Sie treffen sich außerdem in verschiedenen Konstellationen über das Jahr verteilt.

VII. Nach dem Bruch mit Ria und mit Simona war Karl 39 Jahre alt. Er genoss es, alleine zu sein, und begann eine Affäre mit einer jungen Mutter, Lisa, die daraufhin ihren Mann und ihr Kind verließ. Karl entschied sich gegen die Beziehung und Lisa blieb allein. Ihr schwer gekränkter Ehemann bekam das Sorgerecht für das Kind. Karl vermied den Kontakt zu Lisa ab dem Moment, wo sie das Sorgerecht für ihr Kind verlor.

VIII. Mit 42 Jahren fühlte sich Karl zur zehn Jahre jüngeren Erika hingezogen. Sie brachte den kleinen Sohn Tom mit. In der neu geschlossenen Ehe wurde Karls zweiter Sohn Max geboren. Die fünfzehnjährige Beziehung ging dramatisch auseinander. Karl zog einfach aus. Erika entzog daraufhin dem Vater den pubertierenden Sohn Max und den von Karl heiß geliebten Stiefsohn Tom.

IX. Erika lebt bis heute allein. Max hat sehr selten Kontakt zu seinem Vater. Grade 22 Jahre alt geworden, hat er eine Lehre zum Koch absolviert. Sein Stiefbruder Tom studiert Welthandel. Zwischen den beiden jungen Männern gibt es wenig Affinität und somit auch keinen Kontakt. Max wird von der Mutter im permanenten Loyalitätskonflikt gehalten. Max spürt, dass er seiner Mutter schadet, wenn er den Vater trifft.
X. Mit fast sechzig Jahren lernt Karl die 31 Jahre jüngere asiatische Sängerin Setsuko kennen. Sie verliebt sich in ihn und bemüht sich, Karls Patchworkfamilie kennenzulernen. Ihr gelingt es, Peter, Sabina und die Ex-Frauen Simona, Ria und sogar Elli kennenzulernen. Sie sind auf Setsuko neugierig. Bei Max und seiner Mutter bzw. beim Stiefsohn Tom gelingt die Kommunikation nicht. Die Personen, die mit Karl am längsten zusammengelebt haben, vermeiden den Kontakt mit ihm.
XI. Als Liebespaar wirken Setsuko und Karl exotisch und extravagant. Der Altersunterschied wird durch die Sportlichkeit des siebzigjährigen Karl gemildert. Nach der Scheidung von Erika und frisch pensioniert, heiratet Karl Setsuko, die geduldig und tröstend mit ihm durch die Höhen und Tiefen der zehrenden Trennung von Erika, Max und Tom gegangen ist. Die gemeinsame Tochter Marie ist heute zehn Jahre alt. Karl ist für sie ein extrem zugewandter Vater, so wie er es für keines seiner früheren Kinder war. Er genießt seine Altersteilzeit mit der vielseitig begabten Tochter, bringt und holt sie von diversen außerschulischen Aktivitäten ab, kocht für sie und bringt sie zu Bett. Seine Frau hat durch ihren künstlerischen Beruf wenig Zeit. In diesem miteinander gelebten Lebensabschnitt kehren sich die herkömmlichen Elternrollen beinahe um.

Schon auf den ersten Blick lässt sich erkennen, dass der Protagonist Karl zwar die Bindungen und Ablösung der Akteure bestimmt.

Gleichzeitig bringt jedoch jeder Akteur, jede Akteurin, der bzw. die mit Karl zusammen war, die eigene Biografie mit und lebt sie nach dem Bruch mit Karl weiter: allein oder in neuen Beziehungen, die andere Partner und Kinder einbeziehen. Es entstehen Zusammenhänge zwischen ihnen allen, die jeweils ihr Leben und ihre Perspektiven in das offene Kommunikationssystem einführen. Die jahrelange Kontaktlosigkeit zwischen Karls leiblicher Tochter Eva und Karl wird spät aber doch aufgehoben. Psychosoziale Bindungen – Sabina zu Karl – können zeitweise mit leibliche Beziehungen – Sabina zu ihrem Vater – konkurrieren. Karls längste Beziehung zu seiner Frau Erika hinterlässt den aktuell größten Beziehungsbruch. Der »Wandervater« Karl (Furstenberg, 1987) ist während seiner Altersteilzeit seiner Tochter Maria wahrscheinlich der beste Vater, der er sein kann. Vorher war er beruflich sehr eingespannt bzw. sein Interesse lag woanders.

Die junge Mutter Lisa, die sich für Karl von ihrem Mann trennte und eine Beziehung erhoffte, erlebt in diesem System den größten Schaden. Sie verliert ihre Tochter an den leiblichen Vater. Der Kontakt zwischen Lisa und ihrer Erstgeborenen ist erschwert. Ihre Chance, öffentlich gegenüber dieser Tochter als fürsorgliche Mutter zu bestehen, birgt Herausforderungen.

Kontingenz und Perspektive

Der aus Karls Blickwinkel rekonstruierte Lebenslauf zeigt, dass Bindungen nicht immer von Faktoren bestimmt werden, die kategorisierbar sind. Solche Faktoren können der gemeinsam verbrachte Alltag oder das Leben in einem Haushalt sein, ähnliche Altersgruppierung der Stiefgeschwister oder der Eltern usw. Doch die Form der Trennung hat Langzeitwirkung. Darüber hinaus hängen Wohlbefinden und Zufriedenheit im Patchwork von individuellen und konstellationsspezifischen bzw. temporären Variablen ab: Mit 24 Jahren zieht Sabina den früheren Mann ihrer Mutter ihrem leiblichen Vater vor. Eva entdeckt ihren Vater Karl mit fünfzig Jahren. Zu diesem Zeitpunkt ist Karl ein Mann in mittlerem Alter mit Geld und Zeit – beides stellt er ihr zur Verfügung – und ein netter Opa für ihre vier Kinder. Die Stiefgeschwister Tom und Max finden trotz des geringen Altersunterschiedes und des gemeinsamen Trennungsschocks nicht zueinander, weil sie wenig Gemeinsamkeiten haben. Und Max verliert seinen Vater nach der Trennung wegen seiner Mutter. Simona braucht nach der Trennung von Karl Jahre, um sich neu zu binden, während ihr jetziger Mann seine Frau sofort verlässt.

Persönliche Eigenarten und besondere Momente im Lebenslauf der Akteure bestimmen situativ das Kommunikationssystem. Das Patchwork wird mit der Zeit gewebt und birgt unzählige Möglichkeiten der Interpretation in sich. Bewusst vermeide ich in der Beschreibung die kategoriale Einengung auf die optimale Trennung und das funktionale Patchwork. Gleichzeitig behaupte ich, dass Mitspieler ihre Partizipation im Patchwork mäßig autonom steuern. Es gibt eben auch Ungerechtigkeiten im Patchwork.

Themen einer Reise des professionell begleiteten Problemsystems

Wir können mit Karl seinen Lebenslauf durchschreiten, auf der Suche nach möglichen Problemfeldern in der Bewältigung von Trennungen und neu entstehenden Bindungen. Werden die Krisen nicht adäquat bewältigt, können Problemsysteme entstehen, an denen auch Professionelle beteiligt sind. Im Folgenden werden mögliche Entwicklungen dieses Patchworks thematisiert:

- In der ersten Beziehung wird Karls Tochter geboren, die mit der Mutter Elli und drei kleinen Kindern zurückbleibt. Die Mutter ist ohne Beruf und möglicherweise überfordert. Sie könnte damals professionelle Hilfe beansprucht haben oder auch nicht. Ihre

Herkunftsfamilie könnte präsent, abwesend, unterstützend oder abweisend gewesen sein. Eine oder mehrere neue Partner mögen in das Leben von Elli und ihren Kindern getreten sein, oder sie war über längere Zeit alleinerziehend. Akteure können psychotherapeutisch, beratend, als Lehrerinnen, Jugendamtsmitarbeiter oder als Familienrichterinnen Mitglieder des Problemsystems geworden sein. Alle Professionellen könnten die Entwicklung der zurückgelassenen Familie mitbestimmt haben.

- Karls nächste Frau Simona durchlebte eine aufregende und kinderlose Studentenzeit mit Karl. Nach seiner beruflichen Versetzung zeugte er mit Ria ein Kind und lebte zeitweise mit beiden Frauen. Klassisch würde ein professioneller Zugang über die therapieaufsuchende Simona anmuten: leidend, wartend und in ihrer Ambivalenz gehalten. Professionelle könnten sie bis zu der Entscheidung begleitet haben, selbst die Trennung einzuleiten und allein zu bleiben. Therapeutisch hätte man diese Frau gestärkt und den Lebensabschnitt integriert, den sie hinter sich gelassen hat, sodass Hoffnung für eine Zukunft nach dem Bruch entsteht. Simonas Aufbruch in die Beziehung zu Konrad lässt vermuten, dass eine etwaige Therapie erfolgreich war. Ein anderer Ausgang wäre ein zufriedenes Singledasein, was angesichts der Tatsache, dass Karl mit Ria einen Sohn bekommt und Simona noch kein Kind hat, schwer vorstellbar ist. Ihre nächste Bindung entsteht ausgerechnet zu Konrad, der seine Frau und Erstgeborene für Simona verlässt! Sie bekommen ihre Tochter Sabina, und die Ehe hält. Simona findet nach Jahren zu einer Freundschaft zu Karl. Ihre Tochter Sabina zieht 24-jährig Karl ihrem leiblichen Vater in manchen Aspekten vor. Simonas Nähe zu Karl mag suggeriert haben, dass ihre Tochter eine psychosoziale Bindung zu ihm aufbaut. Für Konrad könnte das schwierig sein. Spät, aber letztendlich doch könnte er sich als zweite Wahl von Simona empfinden, wenn er das Verhältnis zwischen Karl, Simona und Sabina kennt. Familientherapeutisch wäre das Verhältnis der Akteure verstrickt (Buchholz, 1990). Konrad könnte deshalb seine Eifersucht in einer Paartherapie besprechen wollen und von Simona Loyalität verlangen. In der Einzeltherapie könnte er für eine bessere Beziehung zu seiner Tochter Sabina kämpfen, oder er könnte bilanzierend entscheiden wollen, ob er in der Beziehung mit Simona bleibt. Allerdings könnte er von Simona, Sabina und Karl auch erfolgreich im Unwissen über deren enge Beziehungen gehalten werden, oder er könnte sich sogar durch Karls Hilfe bei Sabina entlastet fühlen. Er selbst sieht sich ja oft in Kanada, vielleicht, um seine Schuldgefühle zur ersten Tochter abzubauen. Zöge er tatsächlich nach Kanada zu seiner ersten Familie, würden die Wanderväter temporär einen Töchtertausch vollziehen (Furstenberg, 1987). Oder Sabina selbst könnte professionelle Hilfe in Anspruch nehmen, um sich von der Familie besser ablösen zu können, vermutend, dass die Mutter sie missbraucht, um sich Karl zu nähern.

Mit jedem Akteur und jedem Auftrag changiert die professionelle Begleitung. Meine wilden hermeneutischen Interpretationen beanspruchen nicht, wahr zu sein, sondern sie stehen für Momente, in denen pragmatische professionelle Hilfe häufig angefragt wird.
– Aus der Beziehung zwischen Karl und Ria resultiert die Geburt von Peter. Ria entscheidet sich – mit oder ohne professionelle Hilfe –, die Beziehung zu Karl sofort zu beenden, nachdem Simona die Dreiecksbeziehung verlassen hat. Ihr neuer Partner Kurt bringt seinen Sohn Alex, ähnlich alt wie Peter, in die neue Lebensgemeinschaft mit. Die Tatsache, dass alle miteinander heute mit Karls aktueller Familie in den Urlaub fahren, spricht für die kompetente Handhabe des Patchworks durch die Akteure. Es lässt vermuten, dass sie es ohne professionelle Hilfe

geschafft haben, die zwei Jungen im Patchwork gut aufzufangen. Welche Rolle die Mutter von Alex gespielt hat, wissen wir nicht. Das überkomplexe Patchwork legt Professionellen nie alle Informationen offen.
- Karls Affäre zur jungen Mutter Lisa, die sich waghalsig von ihrem Mann und frisch geborenen Kind trennte, ging dramatisch zu Ende. Sie verlor die Sorgepflicht für ihre Tochter und Karl zog sich zurück. Dies ist eine traurige, weibliche Geschichte, an der vermutlich auch Professionelle mit ihren Konstrukten mitgestrickt haben. Im Zuge der Auseinandersetzung um die Sorgepflicht sind hochwahrscheinlich Sachverständige und Familienrichter bzw. -richterinnen tätig gewesen, die Lisa moralisch verurteilt haben. Das Konstrukt, dass sich eine Mutter mit einem Säugling nicht in einen anderen Mann zu verlieben hat, gibt dem Vater in seinem Wunsch nach alleiniger Sorgepflicht recht. Sie hat eventuell therapeutische Hilfe in Anspruch genommen, um ihr Versagen als Mutter zu reflektieren. Hat sie noch weitere Kinder mit anderen Lebenspartnern bekommen, ist sie als Mutter in der Klemme, ihre Erstgeborene an ihren Ex-Mann abgetreten zu haben. Dem Diskurs um ihr mütterliches Defizit kann diese Frau schwer entkommen. Allerdings könnten Berater und Beraterinnen den Kontakt zwischen dieser Mutter und ihrer Tochter wohlwollend begleiten. Nachträglich kann das Trennungsnarrativ zur Sorgepflichtentscheidung reflektiert und neu interpretiert werden, die Mutter aus der konstruierten Täterrolle entlassen werden. Die Gestaltung einer alternativen Erzählung kann die langfristige Beziehung der beiden stärken.
- Mit Erika verbringt Karl die längste Zeit in einer Familie. Sein Sohn und sein Stiefsohn wachsen 15 Jahre mit ihm auf, doch die Form des Bruches erzeugt bei der Mutter der Kinder schwere Enttäuschungen, die zum Kontaktabbruch zwischen Karl und den

Jungen führen. Professionell könnten Erika, Tom und Max begleitet worden sein. Die Akteure dieser Fortsetzungsfamilie haben sich vom Rest des Patchworks rund um Karl, aber auch voneinander isoliert. Daraus folgen Therapiethemen für Tom, Max oder Erika. Je nachdem, wer hier den Professionellen aufsucht, werden die Aufträge anders sein. Max würde hoch wahrscheinlich den Zugang zu seinem Vater finden wollen; Tom würde eventuell seinen Stiefvater und den eigenen Vater in ihrer elterlichen Kompetenz vergleichen und den realistischen Zugang zu beiden finden wollen; Erika würde um ihre zweite verlorene Beziehung trauern und im besten Fall unter Einschluss ihrer Biografie einen Lebensplan für die Zukunft entwickeln.

- Im letzten Lebensquartal findet Karl eine ausländische Frau, mit der er nun ein erfülltes Kernfamilienleben lebt und, mit ihrer tatkräftigen Hilfe, Baustellen aus seinem früheren Leben schließt. Sie, die hinzukommende »Fremde« schafft es, alte Patchworkwunden zu heilen. Karls aktuelle Kernfamilie stellt sich so dar, als wenn sie keine professionelle Hilfe bräuchte. Das würde sich ändern, wenn Karl noch einen weiteren neuen Beziehungsversuch wagen wollen würde.

Die hier geschilderten Entwicklungen der Fortsetzungsfamilien zeigen mögliche Problemfelder auf, zu denen professionelle Hilfe aufgesucht werden könnte. Aus der Perspektive einzelner Protagonisten würden möglicherweise weitere Problemfelder auftauchen und von mir getroffene Vorhersagen widerlegt werden. Die Positionsgebundenheit im Patchwork zeigt, dass das Gesamtfeld der Mitspieler im Auge zu behalten ist. Es gibt im System Haupt- und Nebenspieler und -spielerinnen, welche die Kommunikation im Gesamtsystem mitbestimmen. Hauptspieler sind das getrennte oder neu zusammengesetzte Paar bzw. deren Kinder aus den verschiedenen Beziehungen. Nebenspieler und -spielerinnen sind Eltern, Freunde, Bekannte, Lehrerinnen, Richter etc. Beide Personengruppen sollten im Blick behalten werden.

Innere und äußere Dialoge mitbestimmender Akteure sind strategisch zu fördern, wenn z. B. die Betroffenheit einer Person dieser zunächst nur eine starre Perspektive erlaubt. Es ist die professionelle Aufgabe, Kommunikation in Fluss zu bringen. Das erfordert Bereitschaft zu experimentieren, indem man über diverse Medien (Telefon, E-Mails, Briefe) mit jenen in Beziehung tritt, die sich anfangs unkooperativ verhalten. Manche Versuche sind leere Kilometer und bleiben ein unbezahlter Teil der Arbeit: Die Ex-Frau, die nach mehreren telefonischen Zusagen doch nicht kommt – die aber nun zumindest weiß, dass ihr Kind in Therapie ist; ein Telefonat mit dem Sozialarbeiter, den man von einer neuen Sichtweise überzeugt; ein Vater, dessen E-Mail Zustimmung andeutet. Therapeutinnen, Berater, Mediatorinnen, Anwälte, Jugendamtsmitarbeiterinnen etc. können Informationen ausblenden oder den Perspektiven neugierig begegnen. Mitglieder des Patchworks sind häufig in »ihrer Wahrheit« gefangen. Sie akzeptieren Vorschläge von Professionellen, wenn sie diese in Bezug auf den Gesamtkontext als »Wissende« erleben. Kennen die Professionellen das ganze System nicht, bleiben manche Akteure, an den Kompetenzen der Professionellen zweifelnd, im Widerstand. Es ist für Profis harte Arbeit, zwischen Sichtweisen zu vermitteln und zu deeskalieren. Rekursive Interpretationen sind hilfreich: Eine verlassene Mutter fordert den Vater für das Kind. Der weicht aus, weil er sich als ihr Ex-Partner beschuldigt fühlt, was die Kränkung der Mutter bestätigt. In der Mitte steht das Kind. Wie kann diese Kommunikationsschleife verlassen werden? Es gibt Erfahrungen zu ähnlich gelagerten Fällen, die Professionelle als Erfahrungsschatz den Konfliktparteien zur Verfügung stellen können. Durch Erzählungen darüber, wie andere vergleichbare Situationen gelöst haben, entstehen für die Betroffenen Alternativen für das Erleben und das Handeln. Betroffene Partizipation durch Zeugenschaft am Erleben von anderen ist ein wichtiges professionelles Mittel zur Selbstheilung schwieriger Patchworks.

In der Beratung sollte man sich von keiner Version emotional zu sehr einnehmen lassen. Explizite Aufträge sind oft widersprüchlich oder undurchführbar. Im Vorausdenken realisierbarer Veränderung für das gesamte Problemsystem liegt die professionelle Macht, denn es geht um machbare Lösungen in einer dafür angemessenen Zeit. Dauert die Umsetzung zu lange, bringt das Ungleichgewicht mit sich und ein neues Problemsystem wird geschaffen: Die Mutter entzieht dem Ex wieder das Kind, der Vater klagt bei Gericht etc.

Der folgende Abschnitt widmet sich klassischen Problemfeldern aus dem Blickwinkel von Kindern, Jugendlichen, Erwachsenen im Rückblick auf die Kindheit mit getrennten Eltern und hinzukommenden Partnern. Es werden Fallvignetten als best- und worst-case-Szenarios eingeführt. Die Fälle kommen aus meiner Praxis. Pseudonymisiert und verfremdet repräsentieren sie Patchwork-Klassiker ohne Anspruch auf Vollständigkeit. Im Sinne von Selbst- bzw. Fremdhilfe bieten sie Kostproben zu möglichen Perspektiven im Patchworkraum, und sie mögen Leser und Leserinnen dadurch inspirieren, eigene Problemfelder bzw. eigene Fälle zu überdenken.

Die kindliche Position

Der Schaden an Kindern, deren Eltern dauerhaft im Konflikt stehen, ist unter anderem eine Folge der Narrative zur Trennung, der Dämonisierung des Partners, der Erfahrungen von geringem Einfluss auf die Umwelt und von Ohnmacht, die konstruktives Handeln ausschließt.

Fast immer stehen Kinder den Spielen der Erwachsenen machtlos gegenüber (Asen, 2017). Kinder können jedoch die Uneinigkeit der Eltern für sich verwenden und deren Konflikt damit noch weiter vorantreiben. Es ist in der Verantwortung der Erwachsenen, solch ein kindliches Verhalten zu unterbinden. Das gelingt nicht, wenn Eltern nach der Trennung die Verantwortung für ihre Kinder schnell mit dem Paarkonflikt verwechseln, was allzu oft vorkommt. Um den Umgang mit dem Kind zu verbessern, brauchen Beratende aber den Auftrag beider Eltern, was bei Streitpaaren selten ist. Ohne Kooperation der Eltern ist eine Veränderung für die Kinder schwierig. Es kann zur gerichtlich angeordneten Therapie kommen, die allerdings nur Erfolg haben kann, wenn das Stattfinden der verordneten Sitzungen kontrolliert wird (Asen, 2017).

Wenn getrennte Eltern nicht kooperieren, können deren Kinder einzeltherapeutisch begleitet werden. Der Loyalitätskonflikt wird dadurch nicht verändert. Das Wohl der Kinder kann bei rivalisierenden Ansprüchen ihrer getrennten Eltern nicht verfolgt werden. Kinder müssen warten, bis sie sich autonom mit der Trennung der Eltern beschäftigen können. Der Schaden, der unter anderem durch Manipulation und psychischen Missbrauch bis zum Erwachsenwerden der Kinder entsteht, ist groß. Neben der Entfremdung von beiden oder von einem Elternteil sind psychische Labilität, Unsicherheit, ein geringer Selbstwert oder tyrannisches, trotziges bzw. lebensverneinendes Verhalten mögliche Folgen.

Die Prävention derartiger Scheidungsfolgen durch gezielte, professionell einheitliche und staatlich geförderte Maßnahmen steckt in den Kinderschuhen. Rechts- und Fürsorgesysteme sind länderspezifisch. Sie ordnen den Zugang zu professioneller Hilfe. Die transparente Vernetzung der Professionen, die mit dem Kindeswohl beschäftigt sind, wäre ausbaubar, allerdings ist sie aufwendig und teuer. Präventive begleitende Vernetzungsgespräche sollten öffentlich finanziert werden. Sie helfen mehr als subjektzentrierte Zugänge. In den Niederlanden werden Gruppen von Kindern und Eltern gleichzeitig nebeneinander instruiert, zumindest teilweise wird das Programm freiwillig in Anspruch genommen (van Lawick u. Visser, 2017).

Es gibt auch gekränkte Kinder, wenn die elterliche Trennung gut gelöst wurde. Solche Kinder akzeptieren z. B. keine neuen Partner und verhalten sich trotzig subversiv. Sie wünschen sich, dass die neue Bindung des Vaters oder der Mutter nicht hält. Es ist wichtig, dass Kinder nicht mehr Entscheidungsmacht als ihre Eltern bekommen. Ein vernünftiger Verhandlungsspielraum ist dagegen gut für alle (Kinder, Eltern, Hinzukommende), in dem sinnvolle Kompromisse gefunden werden. Alternativen sprechen für Flexibilität im Patchwork: Bindung als Zweisamkeit mit dem biologischen Elternteil, allein mit der neuen Partnerin oder dem neuen Partner, oder alle mit allen gemeinsam. »Von jedem etwas« ist die Devise. Ein umgänglicher Ton zwischen den Beteiligten kann erlernt werden. Hier können Therapeutinnen, Berater, Mediatorinnen und Mitarbeiter der Jugendwohlfahrt hilfreich wirken.

Wird der Bruch der Erstfamilie von einem Akteur zum lebenslangen Problem erhoben, ist das für jene, die konstruktiv damit leben wollen, nicht fair. Professionelle in der Therapie, Beratung, Mediation oder in der rechtlichen Konsultation sollten entsprechend deeskalierend wirken.

Oft suchen Personen professionelle Hilfe, ohne eine Lösung zu wollen. Massive persönliche Kränkungen führen dazu, dass die Narrative starr und destruktiv bleiben und im professionellen Kontext lediglich noch weiter unterlegt, gefestigt, bestätigt werden. Um dieser Dynamik entgegenzuwirken, ist es wichtig, dass sich Beratende emotional abgrenzen, um gelegentlich einem Ex-Partner bzw. Hinzukommenden oder sogar dem Kind, dem Jugendlichen freundlich und klar begegnen zu können. Die am Auftrag von Klienten und Klientinnen orientierte systemische Arbeit hebelt sich bei Patchworkfamilien aus, wenn sie nicht alle Perspektiven mitdenkt. Denn dann trägt sie dazu bei, habitualisierte Muster zu zementieren. Würde man beispielsweise eine Mutter darin unterstützen, die neue Lebensgefährtin des Vaters schlechtzureden oder dieser zu verbieten, das Kind gelegentlich vom Kindergarten abzuholen, wäre der Effekt, dass das Kind noch weniger beim Vater ist. Weder die Interessen und Wünsche des Kindes noch die des Vaters würden in einem solchen Fall berücksichtigt werden. Ähnlich ist es mit dem Auftrag einer Partnerin, der Vater dürfe seine Kinder nicht sehen, oder seine Kinder dürften mit ihren Kindern nicht zusammenkommen etc. Das sind unmögliche Aufträge, die professionell hinterfragt werden müssen.

Kinder werden im Patchwork überfordert bzw. vernachlässigt, wenn man sie manipuliert oder gar vergisst. Dem postmodernen Diskurs verpflichtet (Ahlers, 1998) stelle ich in solchen, nicht seltenen Fällen Alternativen bereit und konfrontiere die Betroffenen gelegentlich mit einem lösungsorientierten Trennungsdiskurs, in dem Kinder neue Partner bzw. Partnerinnen ihrer Eltern verkraften, ja sie sogar mögen können, die Eltern jedoch immer die Eltern für sie bleiben werden. Oder ich vergleiche Stiefkinderhaushalte bzw. Besuchskontakte mit einer Wohngemeinschaft, in der man lernt, zielorientiert und höflich miteinander umzugehen. Mehr muss es nicht sein.

Die Therapeutin situiert sich mit ihrer Meinung (Freedman u. Combs, 1996), die sie auf ihre persönliche und berufliche Erfahrung bezieht. Damit widerspricht sie oft der Position betroffener Mitglieder des Problemsystems. Indem sie auf den Familienmythos und damit verbundene Kränkungen hinweist, jongliert sie reflexiv mit Emotionen und Erklärungen, die sie hinter den Widerständen vermutet. Sie provoziert die Betroffenen des Problemsystems zu einem kleinen Schritt Veränderung.

Professionelle sind Zaungäste, die die ganze Wahrheit hinter dem Konfliktpotenzial nicht kennen und immer mit Vermutungen operieren. Eine vorsichtig bestimmte, emotional abgegrenzte Haltung ist adäquat. Die Erarbeitung konstruktiver Kommunikation ist den Kindern in jedem Alter zumutbar, wenn sie bei ihrem Gegenüber Wohlwollen und Zutrauen spüren.

Die Position und die Sicht von Jugendlichen

Es ist zu vermuten, dass Jugendliche die Gründe für die Trennung ihrer Eltern besser verstehen können als jüngere Kinder. Der Part, den beide bei der Trennung spielen, ist unterschiedlich: Jugendliche können in den Streit ihrer Eltern verwickelt sein; sie können ihn sogar ausgelöst haben; der Trennungskampf kann kurz oder lang dauern; sie können sich individuell mehr oder weniger emotional involviert fühlen usw. Das nächste Beispiel zeigt eine dieser Möglichkeiten.

Fallbeispiel: Wenn unsere Kinder 18 sind ...

Ein imposantes Paar mit Kindern im Alter von 15 und 14 Jahren betrat vor vielen Jahren meine Praxis. Beide betonten, dass man sich hier streiten, aber nicht trennen wolle. Das Paar sei sich einig, über Trennung erst nach dem Abitur der Kinder zu sprechen. In den therapeutischen Gesprächen wurden die enormen Unterschiede im Lebens- und Erziehungsstil völlig ausgeblendet. Meine Bemerkung, dass die subtil feindselige Stimmung an den Kindern nicht vorbeigehe, wurde ignoriert. Das Credo des Durchhaltens für das Wohl der Kinder war so stark, dass dieses Paar sein paradoxes Verhalten nicht wahrnehmen konnte. Ich habe die Kinder nicht kennengelernt, aber ich vermute, dass sie mit der Instabilität ihrer Eltern über Jahre zurechtkommen mussten.

Wie Jugendliche Trennungskrisen bewältigen, ist unterschiedlich. Die aktuelle Krise jedes Jugendlichen bezieht sich gleichzeitig auf eigene Entwicklungsschritte, auf die Peergruppe, auf allgemeine Anforderungen oder auf altersentsprechende Sinnfragen. Die Trennung der Eltern kann eine Bedrohung, aber durchaus auch eine Befreiung sein. Die Identität als Mädchen oder als Junge, die Konstellation der Geschwisterreihe und der elterliche Umgang mit der Trennung treffen auf die aktuelle pubertäre oder adoleszente Bedürfnislage. Jugendliche sind sowieso krisengefährdet, und eine Trennung der Eltern kann die Krise heftiger werden lassen.

Jugendliche können im Scheidungsprozess zu Partnern eines Elternteils werden. Sie fühlen sich dann aufgefordert, Mutter oder Vater in dieser Zeit massiv psychisch zu begleiten, und das ist emotional überfordernd. Das familiendynamische Konzept der Parentifizierung, das Kinder in die Erwachsenenrolle hebt, beschreibt den Zustand treffend (Stierlin, 1974, 1978). Die Freiheit, lebensphasenspezifisch zu experimentieren, neben der Spur sein zu dürfen und sich zu finden, wird in solchen Fällen eingeschränkt. Manch einer holt diese Phase im Erwachsenenalter nach. Andere bleiben auf ewig an Mutter oder Vater gebunden.

Die Zuwendung zu Peers ermöglicht es Jugendlichen, Distanz zum Trennungsereignis der Eltern zu bewahren. Eltern missverstehen diese Reaktion häufig und wünschen sich eine Therapie für den Jugendlichen. Aber die meisten gehen ungern in die Beratung, selbst wenn Eltern, die sich gerade trennen, das für notwendig halten. Es beruhigt die Beteiligten, zu wissen, dass sich alles wieder normalisieren kann: die bevorstehende Krise, Leistungsabfall, Rückzug oder extreme Ablehnung. Ein schwieriges Schuljahr oder eine aufgeschobene Therapie kann im Kontext hoffnungsvoller Zukunftsvisionen entdramatisiert werden. Eltern sollten lernen, ihren Jugendlichen Zeit zu lassen und ihre Verarbeitung der Trennung zu akzeptieren, auch wenn sie der eigenen nicht entspricht.

Fallbeispiel: Symptome im Zusammenhang mit Trennung

Christian (16 Jahre alt) und Clarissa (14 Jahre alt) wird bei der Trennung der Eltern das Doppelresidenzmodell vorgeschlagen. Das Modell gefällt ihnen, da sie beiden Eltern gegenüber fair sein möchten. In der Praxis zeigt sich aber schnell der subtile Machtkampf der Eltern um die Gunst der Kinder. Clarissa reagiert mit Rückzug, während Christian sich im Fitnessclub abarbeitet. Er kocht für sich extragesund und entwickelt binnen eines Monats seltsame Essgewohnheiten. Krankenhausbesuche, medizinische Untersuchungen und dramatische Auseinandersetzungen mit beiden Eltern folgen. Christian bleibt bei seiner Essens- und Fitnessstrategie. Elterliche Sorgen und die gegenseitigen Beschuldigungen für Christians Verhalten wachsen. Die Anwälte verhandeln gerade die Scheidung. Die Frau kommt zu mir, um ihre Trennung zu bewältigen: Christian ist Thema. Im Zuge der Gespräche kann ich über die Mutter zwei Sitzungen für ihn bei einem Kollegen vermitteln. Dort redet er sich frei und bekundet den Wunsch nach Abgrenzung von den Eltern. Er fühle sich manipuliert. Das erwachsene Umfeld wird durch Christians Symptom wachgerüttelt. Man ist umso mehr bemüht, den Kindern ihren Loyalitätskonflikt zu erleichtern. Zwei Monate später beruhigt sich die Situation. Christian reagiert sofort mit der Entspannung seiner Symptome. Gleichzeitig bleibt er bei einer starken Abgrenzung von beiden Eltern und das Treffen von Peers wird für ihn immer wichtiger.

Der Fall wäre anders verlaufen, wenn Christians Umfeld den offensichtlichen Loyalitätskonflikt nicht bewältigt hätte. Allerdings könnte Christians Verhalten trotz verbesserter Umstände auch in eine langfristige Essstörung münden, aus Gewohnheit, aus Wut auf die Situation oder simpel als Pubertätskrise, durch die Trennung der Eltern ausgelöst. Letztlich bestimmt die Dauer der jugendlichen Krise darüber, wie dramatisch die elterliche Trennung erlebt wird und inwieweit sie für die weitere Entwicklung bedeutsam bleibt. Die Erklärung in der Trennung der Eltern zu suchen, ist wenig hilfreich. Wichtig ist dagegen, Jugendliche bei Entscheidungen hinsichtlich des gewählten Haushaltes, der Besuchskontakte und Verantwortlichkeiten angemessen zu unterstützen und die getroffenen Entscheidungen im gelebten Alltag eventuell zu revidieren bzw. anzupassen.

Der erwachsene Rückblick

In der Therapie schildern Erwachsene oft die unverarbeiteten Konflikte im Zusammenhang mit der Trennung ihrer Eltern. Thematisiert werden frühe Selbstständigkeit und Überverantwortlichkeit bzw. die Entscheidung für einen Elternteil und der Verlust des anderen, um psychisch zu überleben. Aktuelle oder vergangene Loyalitätskonflikte, aber auch der Abbruch des Kontakts zu einem Elternteil sind häufig. Das Eintauchen in die elterliche Trennungsgeschichte in der Therapie zeigt verborgene Sehnsüchte nach Wiedergutmachung. Entfremdete Elternteile und die Manipulation in der Vergangenheit werden aus dem erwachsenen Blickwinkel umgeräumt. Junge Erwachsene entwickeln in der Rückschau auf die Trennung ihrer Eltern interessante Sichtweisen, die für den weiteren Lebensplan bedeutsam sind. Plötzlich funktioniert eine stockende Liebesbeziehung, die Sexualität verändert sich, das Studium wird beendet, im Beruf ist man erfolgreich. Es beginnt eine Ablösung, die das eigene Leben neu gestalten lässt.

Fallbeispiel: Spät gelungene Ablösung

Beim Streitpaar gehört der jüngere Alex zur Mutter, der ältere Bruder zum Vater. Alex, der gerade mit seiner Freundin zusammenzieht, sucht meine Praxis auf: Er leide unter Trennungsängsten, die in der aktuellen Beziehung dazu führen, dass er Konflikte scheut. Er vermeidet generell gerne Konfrontationen, denn er erwartet fast immer Schlimmes. Die Kernerzählung zur elterlichen Trennung handelt vom ständigen Streit. Als er zehn Jahre alt war, ist die Mutter schließlich gegangen. Damals habe er sich sehr allein gefühlt. Heute habe die Mutter einen netten Partner. Der Vater habe eine furchtbare Freundin gehabt, als die Jungen noch dort wohnten. Jetzt lebt der Vater allein. Alex vermeidet Konflikte, ist aber Konfliktmanager für seine Familie. Er schlichtet und arrangiert, wird von allen gern zur Hilfe gerufen und nachher oft kritisiert. Er ist der, der am besten mit allen kann. Ohne ihn scheint in der Familie nichts zu gehen.

In vier Therapiesitzungen reflektieren wir seine Trennungsgeschichte. Das vom Vater ausgeborgte Zelt steht für Alex' Heimatlosigkeit. Die Mutter hatte damals um drei Uhr früh die durchnässten Jungs vom Rockfestival abgeholt, das alte Zelt des Vaters, klatschnass, war dort geblieben. Die Mutter brachte die beiden nach Hause, wo der Vater ihnen Vorwürfe machte, weil sie das Zelt dort gelassen hatten. Alex hatte zur Mutter gehalten, die seit diesem Zwischenfall das Haus des Vaters nicht mehr betritt: Eine schreckliche Erinnerung für Alex, der sich teilweise noch schuldig für die Situation fühlt.

Alex sitzt das Verantwortungsgefühl tief in den Knochen. Wir arbeiten an diesem Gefühl auf die Ursprungsfamilie bezogen. Er möchte sie zufriedenstellen, schafft es aber nie ganz. In jede Sitzung bringt er einen Konflikt und holt sich Zuspruch, wie er ihn für sich gut löst. Er hält es zunehmend aus, wenn er nicht alle befriedigt und befriedet. Er merkt, dass er sich beim Vater, bei seinem Chef und bei der Freundin durchsetzen kann. Ich festige seine Position. Speziell bei seinem Vater hält er es aus, dass dieser Alex' selbst gewählten Nebenverdienst abwertet. Alex widersteht dem Angebot, stattdessen in der väterlichen Firma mitzuarbeiten. Er beendet die Therapie entspannt und selbstbewusst. Er ahnt sogar, dass sein Vater stolz auf ihn ist, obwohl er es von ihm nie hören wird.

In nur vier Sitzungen hat der junge Mann eine gute Abgrenzung geschafft und neue Fähigkeiten entwickelt. Bis dahin hatte er seine Rolle in der Ursprungsfamilie unhinterfragt ausgeführt, meistens ohne Erfolg.

Fallbeispiel: Ein persischer Märchenerzähler auf der Suche nach seinem Enkelsohn

Herr Razin kommt auf Anraten einer Kollegin in die Beratung. Seine erwachsene Tochter habe nur spärlichsten Kontakt zu ihm. Die Mutter habe sie ihm seit ihrer Scheidung entfremdet. Nun sei sein einziges Enkelkind auf der Welt, für den persischen Großvater eine Segnung. Die Tochter möchte für ihr Kind die Besuche des Großvaters auf einmal im Jahr reduzieren. Sie will auch keine Sitzung zusammen mit ihrem Vater. In einer extra für sie allein einberufenen Einzelsitzung bestätigt sie, dass sie den betreffenden Teil ihrer Kindheit ganz bewusst nicht mehr anschauen möchte. Es sei ungerecht, aber sie habe damals zu viel gelitten, und es gäbe keine Auflösung. Das wird respektiert. Statt eine Versöhnung mit dem Vater anzustreben, versuche ich eine Intervention auf der Handlungsebene: Der Vorschlag, die Übergabe des Enkelkindes ihrem Mann zu überlassen, ist für sie neu und akzeptabel. Der Loyalitätskonflikt hat die Frau diese Alternative nicht erkennen lassen. Seitdem sieht der Großvater seinen Enkelsohn regelmäßig, ohne seine Tochter zu treffen.

Der professionelle Blick ist in diesem Fallbeispiel zirkulär, die Intervention pragmatisch. Statt den alten Konflikt wiederzubeleben, habe ich den Kontakt der Männer (Ehemann, Großvater, Enkelsohn) vorgeschlagen. Einerseits ist dies eine Musterunterbrechung der bisherigen Kommunikation zwischen Vater und Tochter, gleichzeitig könnte es – muss es aber nicht – der Zwischenschritt zu einer neuen Begegnung der beiden sein. Der neu etablierte Kontakt zwischen Großvater und Enkelkind könnte das entfremdete Verhältnis zwischen Vater und Tochter heilen. Sollten Großvater und Enkelsohn sich gut verstehen, muss die Tochter/Mutter eine neue Position für sich finden. Schließlich wird ihre Position davon beeinflusst werden, ob ihre Mutter, also die Großmutter des Enkelkindes, den Kontakt zum Großvater zulässt bzw. ob ihre Tochter dem möglichen Widerstand ihrer eigenen Mutter gegenüber heute standhalten kann.

Blicke Hinzukommender im Zusammenspiel mit ihren Partnern

Hinzukommende sind jene, die in eine neue Bindung mit dem/der Getrennten treten. Sie werden in der Kommunikation rund um das Patchwork leicht vergessen, haben aber erheblichen Einfluss auf dessen Lebensraum. Kindliche Besuchszeiten und die Launen von Eltern und Ex-Partnern sind an Hinzukommende gekoppelt.

Der Vater ist sozial diskursiv leichter ersetzbar. Insofern kann der Mann schnell zum Ersatzvater, die hinzukommende Frau aber nicht so leicht zur Ersatzmutter werden. Abgesehen davon kann die Rolle der/des Hinzukommenden frei gestaltet werden. Ihre neutrale Position lässt sie konfliktloser mit den Ex-Partnern reden. Sie können sich jedoch vor den Ex-Partnern fürchten oder eifersüchtig sein, oder sie können die Vergangenheit des Partners ausblenden wollen. Sie haben unterschiedliche Erfahrungen mit Kindern und gehen dementsprechend besser oder schlechter mit ihnen um.

Die Erstfamilie bringt ihre Vorgeschichte mit. Sozial abgespeicherte Mythen zur »Erstmaligkeit« von Hochzeit, Geburt, Urlaub etc. müssen transzendiert werden. Es ist unsensibel gegenüber der Hinzukommenden, wenn das neue Paar ein Hotel bucht, wo er den letzten Urlaub mit seiner Ex-Frau verbracht hat. Vergleichbares passiert gar nicht so selten, weil demjenigen, der die Familie hinter sich lässt, gar nicht auffällt, was er dem/der Hinzukommenden zumutet. Hinzukommende haben das Erleben von Erstmaligkeit, das im konventionellen Liebesdiskurs stark verankert ist, versäumt. Für jene, die schon Kinder aus einer Beziehung haben, ist das einfacher.

Für Hinzukommende gelten genderspezifische, zuweilen stereotype Sichtweisen: Eine »traurige«, weil nicht blütenweiße Hochzeit für die Frau und eine erste Geburt mit dem, der schon vorher drei erlebt hat mit seiner Ex. Der kinderlose Mann, der die vom Erzeuger des Kindes verlassene Frau mit ihrer Brut beschützt, der aber derzeit von den Kindern abgelehnt oder von einem wiederkehrenden biologischen Vater abgesetzt wird. Derartige Visionen beeinflussen das Erleben der Akteure, sie kratzen am Selbstbild. Oft kann der hoch emotionale Spagat zwischen gesellschaftlichen Vorgaben, spezifischen Konstellationen und individueller Gestaltung aber in Kompromisse umgewandelt werden, die gut passen. Langsam wächst dann eine neue Familie. Manches ist beim zweiten Mal auch leichter.

Paarzeiten sind mit Zeiten zu koordinieren, die mit biologischen Kindern verbracht werden. Hinzukommende versorgen das Patchwork, aber sie wollen auch jeweils eine eigene Bindung zum Partner. Die Abwechslung gemeinsamer und ausschließlicher Zeit schafft neben biologischen auch autonome psychosoziale Bindungen.

Die Geduld, auf bessere Zeiten warten zu können, ist eine lern- und lehrbare Coping-Strategie im Patchwork: Die pubertierende Tochter mag die Freundin des Vaters jetzt ablehnen und dennoch als Erwachsene eine gute Beziehung zu ihm aufbauen; der vierjährige Sohn mag seine Loyalität zur Mutter gefährdet sehen, aber in zwei Jahren die neue Freundin des Vaters integrieren können. Dass die Akteure Trennung und Bindung auch zeitlich gesehen so unterschiedlich erleben, erschwert das Zusammenkommen. Beratende haben hier eine wichtige Aufgabe: Sie können beruhigend wirken, indem sie von ähnlichen Familien erzählen, in denen die Zeit für Stabilisierung gesorgt hat. Das nimmt den Betroffenen den Druck, dass eine gute Beziehung schnell erreicht werden müsste, und beugt möglichen Eskalationen im Patchworksystem vor. Gerade Erwachsene müssen lernen, den Stiefkindern ihre Ambivalenz zuzugestehen, etwa durch Aussagen wie: »Ganz klar, ich werde nie deine Mutter sein und du nie mein Kind. Aber warum sollten wir nicht trotzdem eine gute Zeit miteinander haben können?«

Wie ein Patchwork in der Praxis funktioniert, ist nicht immer beeinflussbar. Ex-Partner verhindern unter Umständen durch Besuchsregelungen, dass ihr ehemaliger Partner mit dem neuen Partner Zeit ohne Kinder verbringt. Schwierig ist die Koordination, wenn es auf beiden Seiten Kinder gibt. Manche Ratgeber plädieren dafür, die eigenen Kinder allein zu sehen bzw. neue Partner sehr vorsichtig einzuführen. Die Erfahrung zeigt, dass unterschiedliche Konstellationen, sogar Zufälle bestimmen, wie das Zueinanderfinden in den psychosozialen Bindungen funktioniert. Stiefkinder mögen sich oder nicht. Ein Partner mag wenig soziale Kompetenz im Umgang mit Kindern zeigen, es kann aber auch sein, dass das Loyalitätsgefühl eines Kindes neue Bindungen verhindert. Es gibt meines Wissens keine Studie, die hier wegweisend für eine bestimmte »richtige« Vorgehensweise zitiert werden könnte.

Ein zu komplexes Patchwork kann überfordern und birgt die Gefahr, dass Einzelne ungerecht behandelt werden. Es können nicht alle Akteure gerecht bedient werden. Gefühle füreinander sind z. B. nicht ausnahmslos über Ausmaß und Frequenz der Begegnungszeiten zu sichern. Wenn die Umwelt wohlwollend eingestellt ist, finden sich aber meist Wege – über die sozialen Medien oder durch wenige und gut überlegte Kontakte –, um Beziehung zu gestalten, z. B. dann, wenn der Ortswechsel eines Elternteils die Trennung begleitet. Zuallererst gilt: Ein Patchwork funktioniert, wenn beide Elternteile kooperieren und die hinzukommenden Partner auch.

Mögliche Reaktionen auf Hinzukommende können so aussehen:

Kinder kommen nicht aus dem Zimmer, wenn die Freundin des Vaters da ist. Oder die Freundin hat keinen eigenen Platz für ihre Dinge. Oder Jugendliche vermeiden den Kontakt zu den Hinzukommenden. Oder man freut sich aufeinander.

Das neue Kind wird dem Besuchskind vorgezogen oder das Besuchskind wird allen anderen vorgezogen. Oder die Halbgeschwister verlieben sich ineinander.

Väter vereiteln die Urlaube der neu zusammengesetzten Familie, weil sie sie den gemeinsamen Kindern nicht gönnen. Oder Mütter fragen ihre Kinder nach dem Besuch beim Vater aus. Oder auch: Alle unterstützen das Doppelresidenzmodell.

Die Abgrenzung der Familien verlangt, dass den Hinzukommenden keine Regeln aus der Erstfamilie übergestülpt werden. Kinder aus der Erstfamilie müssen erst einmal einen guten Übergang zwischen den Elternwelten schaffen. Manchmal vergessen Eltern, dass die Trennung schon lange her ist, oder ein Ex-Partner sieht sich an erster Stelle und die inadäquate Bindung zur/zum Ex bleibt bestehen.

Zum Beispiel werden Geburtstage jahrzehntelang mit Ex und Kind gefeiert. Oder eine Klientin erzählt mir in der Therapie von psychosomatischen Beschwerden nach derartigen Treffen und bilanziert: Geburtstage werden ab jetzt nicht mehr gemeinsam stattfinden. Oder der zwanzigjährige Alex merkt in der Therapie, dass Weihnachten im Patchwork nie zu aller Zufriedenheit gelingt. Er verabschiedet sich von seiner Verantwortung dafür und vermeidet es seitdem, mit der Familie Weihnachten zu feiern. Das entspannt ihn sehr.

Life-Events im Patchwork: Besondere Ereignisse

Konventionen, wir können sie »besondere Ereignisse« nennen, fordern das Patchwork ganz besonders heraus, da komplexe Bindungsverhältnisse gesellschaftlich adäquat nach innen und nach außen kommuniziert werden müssen.

Weihnachten – 24. Dezember im Patchwork

Das Weihnachtsfest symbolisiert Familie: gemeinsames Beisammensein unter dem Tannenbaum. Doch: Wer gehört dazu? Hier werden neu gezogene Familiengrenzen scharf gestellt, die den Rest des Jahres vage bleiben können (»Irgendwie werden wir uns schon einig!«). Weihnachten fordert eine klare Entscheidung: »Bist du bei uns oder bei denen?«

Ein 24. Dezember in Trennung überfordert daher schnell: Wer feiert mit den Kindern? Nimmt man sich als Eltern ihnen zuliebe zusammen? Wie groß ist der Anspruch der ehemaligen Familie, sich wenigstens zu den Feiertagen der Kinder wegen noch einmal zu konstituieren? (Und was bedeutet das für die dann ausgeschlossenen neuen Partner?) Oft coache ich Getrennte und Patchworks in der Vorweihnachtszeit, der Diskurs erfasst alle: Weihnachtsstimmung drückt auf die Familienseele. Alternativen dazu, die Abgrenzung von überfordernden Vorstellungen und das Zutrauen in eine andere Art des Feierns müssen von den Betroffenen erst gelernt werden. Für Beratende stellt sich hier die Aufgabe, die Betroffenen bei der Suche nach Klarheit und dem Finden einer Entscheidung zu unterstützen.

Weihnachten nach Trennungen und in Patchworkfamilien – das kann etwa so aussehen: Der Tannenbaum nach der ersten Trennung war ein kleiner Zimmerorangenbaum, den sie mit vier Kerzen schmückte. Das erinnerte sie an Düfte aus ihrer fernen Heimat. Sie denkt heute gern an diesen Moment mit ihrem dreijährigen Sohn zurück, magisch von Traurigkeit und Sehnsüchten gefüllt. Einige davon gingen später in Erfüllung.

In der Therapie merkt sie erstmals, dass es für sie emotional überhaupt nicht passt, mit dem Vater des Kindes und dessen Familie Weihnachten zu feiern. Ab jetzt wird sie nach Thailand fahren.

Erwachsene werden unter Druck gesetzt: Man feiere nur mit dem gemeinsamen Vater, wenn die Halbgeschwister dazu kämen. Zwei Sitzungen mit der mittlerweile 24-Jährigen werden der Planung des 24. Dezember gewidmet. Eine Aufstellung des Weihnachtsabends mit Bodenankern bringt die Lösung. Sie fühlt auf den Positionen, dass sie als Babysitterin für die Kinder der Halbschwester benutzt wird und dass sie keinen Platz in der Erwachsenenrunde bekommt. Der wird der älteren Halbschwester für ihr exklusives Verhältnis mit dem Vater, der sich nicht abgrenzen kann, vorbehalten. Meine Klientin begreift jetzt emotional, dass das Weihnachtssetting für sie kein guter Ort ist, und nimmt sich vor, dass sie dieses Jahr das letzte Mal Weihnachten in dieser Konstellation feiert.

Der Weihnachtsmythos erfasst alle Familien, aber das gefühlte Nicht-Genügen bemächtigt sich vor allem der Mitglieder im Patchwork. »Weihnachtsschwanger« taumeln die Akteure gewissensgeplagt und hilflos von einem Schauplatz zum nächsten, stets in der Gefahr, sich als nur wenig zugehörig zu erleben. Zu Weihnachten ist Blut dicker als Wasser.

Geburt in neuer Verbundenheit: Halbgeschwister

Das Hinzukommen von Halbgeschwistern wird insbesondere dann als Bedrohung für die Kinder aus der ersten Familie empfunden, wenn Väter einen »Kindertausch« (Furstenberg, 1987) vollziehen, indem sie emotional ihre ersten durch Stiefkinder oder neu geborene

Kinder ersetzen oder wenn eine der Familien nicht öffentlich wird. Eine Klientin von mir wollte als Einzige von mehreren Geschwistern ihre Halbgeschwister kennenlernen. Die neue Familie des Vaters wurde für das Wohlbefinden der Mutter geopfert. Gleichzeitig arbeiteten die Kinder aus der ersten Ehe außer meiner Klientin im Firmenbetrieb des Vaters. Meine Klientin war mutig und wurde dafür dadurch belohnt, dass sie eine spezielle Beziehung zu ihrem Vater aufbaute, die sie allerdings, von mir therapeutisch gestützt, ihrer Mutter verschwieg.

In der neuen Bindung geborene Kinder können die Erstfamilie aber auch zur Ruhe bringen. Spätestens jetzt ist für alle Akteure klar, dass es kein Zurück in die alte Beziehung mehr gibt. Konsequenz sind neue Arrangements rund um das neue Kind: Die adoleszente Tochter freut sich auf das Babysitten, und ihr Bruder schwankt zwischen Eifersucht und Komplizität zum frisch geborenen Halbbruder. Die Loyalität zwischen Geschwistern definiert sich neu. Über die »Halbblutverbindung« verändert sich für Stiefkinder die Position von Lebensgefährten: Sie sind zu »echteren« Eltern geworden. Die psychosoziale Bindung wird neu konnotiert.

Selten werden Kontakte zwischen Halbgeschwistern verhindert. Dann allerdings werden die Gräben zwischen den Familien noch tiefer. Erfahrungen mit Erwachsenen, die wenig oder keinen Kontakt zu ihren Halbgeschwistern hatten, zeigen, dass im Loyalitätskonflikt mit Eltern die Neugierde auf Halbbruder oder -schwester überwiegt. Für neu geborene Kinder sind ältere Halbgeschwister immer bereichernd.

Was sind mögliche Reaktionen auf ein hinzukommendes Kind in der neuen Familie?

Betroffene Väter erzählen, dass die älteren Kinder seit der Geburt des neuen Kindes nicht mehr zu Besuch kommen. Oder der Besuch des bzw. der Neugeborenen bringt die Ex-Frau erstmals in den zweiten Haushalt der Kinder, es findet Versöhnung statt.

Mit 14 Jahren begegnet meine Klientin zufällig ihrer 25-jährigen Halbschwester, die sie vorher nicht hat kennenlernen können. In einem zweiten Treffen sprechen sie sich aus und können einander zusichern, dass die Konflikte zu den Eltern und nicht zu ihnen gehören. Danach pflegen sie einen wohlwollenden formlosen Kontakt. Dieselbe Klientin vermittelt zwischen dem leiblichen Vater und ihrem 50-jährigen Halbbruder, der die Kränkung des »Kindertausches« nicht verarbeitet hat. Sie findet das Verhalten ihres Vaters ihm gegenüber nicht korrekt. In der Therapie wird ihr unvermeidliches Schuldgefühl bearbeitet.

Der Vater und seine neue Partnerin sind ratlos und verzagt, wie die Schwangerschaft seinem 10-jährigen Sohn zu vermitteln sei. Dies ist umso komplizierter, als die leibliche Mutter von ihrem neuen Lebenspartner ebenfalls ein Kind erwartet, denn so wird er binnen einer Woche zwei Halbgeschwister bekommen. Nach der Geburt wird von den Eltern und deren Partnern ein T-Shirt in Auftrag gegeben, auf dem er, zwei lächelnde Babys in seinen Armen haltend, abgebildet ist. Das zieht er gerne an und prahlt in der Schule damit. Die drei »Patckworkbrüder« sind heute gut befreundet und fühlen sich als Teil einer Familie.

Familienzugehörigkeit und Familiengrenzen sind permanent verhandelbar. Partner, Kinder und deren erweiterte Bezugssysteme begleiten die Lebenslinie der Personen in vielseitigen Verflechtungen und erlangen ihre Wichtigkeit im Lebenskontext. Brüche und neue Bindungen setzen lineare Familienmodelle außer Kraft, und der Zufall redet mit.

Besondere Anlässe: Hochzeiten und
Beerdigungen im Patchwork
Wie fühlen sich seine und ihre Eltern bei der ersten, zweiten oder dritten Hochzeit ihrer Kinder? Was halten sie davon, wenn der künf-

tige Ehepartner ihres Kindes bereits eine Ehe hinter sich hat? Aber auch getrennte biologische Eltern mit und ohne Partner komplikationslos am Hochzeitstisch zu verteilen, erfordert eine gute Vorplanung. Die Atmosphäre kann unangenehm werden. Oder Vater bzw. Mutter können nicht auf einmal eingeladen werden bzw. einer von ihnen folgt der Einladung nicht, was kränkend ist. Die zukünftige Kommunikation zu Eltern und Schwiegereltern wird unter Umständen stark belastet. Schaffen es die neu gebundenen bzw. alleinlebenden Eltern, miteinander am Glück der gemeinsamen Kinder bzw. der Stiefkinder teilzuhaben, ist der Weg zu einem regelmäßigen Umgang mit etwaigen Enkelkindern geebnet.

Ereignisse des öffentlichen und privaten Lebens, bei denen das Familiäre sichtbar wird, so etwa Geburtstage, Feiern, Begräbnisse, irritieren die Fortsetzungsfamilie: Welche seiner Frauen ist in welchen Lebensabschnitt seiner Eltern eingetreten, welche Bindung leitet sich daraus her, welche seiner Kinder haben die Großeltern wie erlebt? Davon abhängig entscheiden Enkelkinder, ob sie zu Großvaters Begräbnis kommen und welchen Platz sie dort einnehmen. Die erste Schwiegertochter, der erste Schwiegersohn des bzw. der Verstorbenen bleiben absent und feiern den Abschied in Stille. Die letzten Schwiegerkinder kommen zur Beerdigung, vielleicht ohne den bzw. die Verstorbene wirklich zu kennen. Konstellationen im Patchwork bestimmen Prioritäten der Anwesenheit und das adäquate gesellschaftliche Format, welches nicht immer mit der erlebten emotionalen Involviertheit übereinstimmt.

Professionelle Haltung: Realisierbare Handlungen praktisch vermitteln

Mit welcher professionellen Haltung kann man Patchworks optimal begleiten? Allem voran ist eine solche Haltung vielseitig, flexibel, polyvalent, neutral und lösungsorientiert. Und sie achtet auf die Realisierbarkeit vorgeschlagener Handlungen. Folgende Konstrukte spielen im Hintergrund mit:

- Jede Trennung wirkt auf das gesamte Patchwork. Ist der Ex-Partner verbittert, wird die Verantwortung für das aktuelle Leben Einzelner auf den jeweils anderen (Ex-Partner plus erweiterte Familie, neue Partner usw.) umgelegt. Der Loyalitätskonflikt aufseiten der Kinder ist vorprogrammiert und die Alltagskommunikation in neuen Bindungen wird erschwert. Die Trennungsbewältigung Einzelner hat kurz- bzw. langfristige Folgen für die Beteiligten.
- Die Bewältigung der Trennung braucht individuell unterschiedlich lang. Allein das Wissen darum kann hilfreich sein und die Empathie und Toleranz fördern, die hier von allen Bezugspersonen (Kindern und Erwachsenen) gefordert sind. Professionelle Prozessbegleitung und gelegentliche Konfrontation können helfen, stagnierende Trauerprozesse zu bearbeiten, die Veränderungen im ganzen System verhindern.
- Trennungsbewältigung heißt, der Zukunft nach der zerbrochenen Beziehung eine Chance zu geben. Ein gutes Omen: Schöne Erlebnisse aus dieser vergangenen Zeit bewahren, Fotos und Geschichten als Sammlung von guten Erinnerungen, die man dem Nachwuchs mitgeben kann. Und, so ist meine Erfahrung, bei allem Groll dem Kind den Ex-Partner als Menschen mit seinen guten Seiten zeigen (»Wie gern habt ihr im Urlaub miteinander getobt!«) – solche kleinen Interaktionen können »entdämonisierend« wirken.

- Es muss zugleich klare Abgrenzungen zwischen der alten und der neuen Familie geben, damit Beteiligte ihren Platz finden und den eigenen Lebensstil definieren: Neue Wohnungen sind zu beziehen und die alte muss nach dem Auszug umgeordnet werden, während die dazu passenden Rituale neu erfunden werden müssen.
- Zusammenkommende Partner sind nicht unbedingt im gleichen Stadium des Trennungsprozesses. Ein lang alleinstehender Partner wird dem- bzw. derjenigen, der bzw. die innerlich noch nicht ganz getrennt ist, wenig Verständnis entgegenbringen. Geduld gepaart mit Gelassenheit ist die optimale Mischung, um Empathie, Toleranz und Abgrenzung zwischen allen Mitgliedern im Patchwork zu erlangen. Dazu passt die Bereitschaft zu verhandeln und der Wille, mit Kompromissen zufrieden zu sein.
- Unrealistische Erwartungen an das Patchwork sind der Beginn vieler Probleme. Sie werden zuerst als Idealisierung der Situation erlebt, später nicht selten als Enttäuschung. Danach wird die Erwartung herabgesetzt, und es wird verhandelt, bis das neue – eventuell wieder temporäre – familiäre Beziehungsnetz entsteht (Collin, 2001). Es gibt nie genug Zeit für alle Mitglieder des Patchworks, um die Phasen gleichzeitig zu bewältigen. Professionelle Hilfe versteht die Perspektiven der Mitspieler und Mitspielerinnen und verlangsamt oder beschleunigt die Zeit, um gelebte Handlung real zu machen. Für den Abgleich und die Umsetzung lebbarer Praktik ist professionelle Begleitung oft hilfreich.
- Die Hinzukommenden – früher die »Stiefeltern« – kennen die bisherige Familienkultur nicht und müssen deshalb die eigenen Ansprüche anfangs zurückstellen. Langfristig können und sollen sie gegenüber den Kindern und Jugendlichen durchaus ihren Lebensstil ins Spiel bringen. Die kreative Erarbeitung von Bindungen und Ritualen braucht Zeit und die Kompetenzen der Akteure nehmen zu.

- Das neue Paar hat selten Zeit ohne Kinder. Diese ist aber notwendig, um als neues Paar den gemeinsamen Lebensstil zu finden. Die paradoxe Forderung »Kümmert euch um euch, aber genauso um die Kinder« ist schwer umsetzbar. Flexibilität und zähes Verhandeln wechseln sich ab. Eine professionelle Begleitung federt Konflikte ab und sucht nach einer praktikablen Abfolge von Paar- und Familienzeit.
- Ein gut abgeschlossener Übergang zwischen dem Vorher und dem Jetzt fördert einen eigenen Lebensstil. Die Trauer um den Verlust kann der Lebensfreude Platz machen. Ein großzügiges Verhalten der Ex-Partner gegenüber dem jeweils anderen hilft dabei.
- Störungen des Patchworks entstehen kommunikativ zwischen Getrennten, ihren Kindern und Partnern in der privaten (Familie, Bekannte, Freunde) und öffentlichen (Schule, Recht, Therapie, Beratung) Umwelt, deren Wirkung – gerade von Professionellen – mitgedacht werden muss.

Die professionelle Herausforderung ist, jede Situation lang genug zu analysieren, aktuelle Perspektiven der Beteiligten zu spüren und jeder Perspektive ihre Berechtigung zuzusprechen. Momente emotionaler Irritation, Ungeduld und Hilflosigkeit während der Begleitung sind professionell auszubalancieren. Eine wohlwollende Konfrontation mit manchen Mitgliedern ist unvermeidlich. Ein realisierbarer Auftrag wird erstellt und den Betroffenen vorgeschlagen. Systemische Arbeit im Patchwork ist beratend und orientiert sich am Machbaren. Nachvollziehbare Sichtweisen der Betroffenen münden in Vorschlägen, die – oft vorhersehbar – in Enttäuschung enden. Polarisierte Sichtweisen des Problems sind dem Patchwork immanent. Professionelle müssen den Einladungen, die neutrale Haltung zu verlassen, permanent widerstehen und gleichzeitig emotional für die Mitglieder des Problemsystems erreichbar sein. Hilfreich für das Patchwork bleiben sie, wenn sie beständig für die pragmatische Realisierung von Lösungen werben, die vielleicht immer wieder nur für kurze Zeit Bestand haben – und dann neu verhandelt werden müssen.

Am Ende

Fazit

Die Beratung von Patchworkfamilien lässt keine generalisierbaren Kategorien zu: Faktoren wie die Passung von Alter, der Lebensphasen, der Partner und der Kinder aus den verschiedenen Beziehungen können das Funktionieren eines Patchworks nicht vorhersagen. Am ehesten ist zu vermuten, dass eine gut abgeschlossene Trennung bei beiden Ex-Partnern den gelingenden Anfang einer neuen Beziehung in Aussicht stellt. Dennoch bleibt es dabei, dass jeder Anfang und jedes Ende von Bindungen zwischen Partnern und Kindern ein Maß von Zufälligkeit in sich birgt: Glück, Zufriedenheit oder Stabilität mögen für Einzelne temporär sein. Jeder Einzelfall spricht für sich selbst. Ein die Familie verlassender Partner kann später verlassen werden, eine hinzukommende Partnerin kann noch drei weitere Kinder zur Welt bringen, oder sie kann sich als Ersatzmutter für ihre nicht leiblichen Kinder einbringen. Patchworks werden deshalb aus der jeweiligen Perspektive der Betroffenen sehr unterschiedlich wahrgenommen.

Die Beratungssuchenden sind oft jene, die zur Veränderung von Patchworkstrukturen beauftragen, dies kann z. B. die Besuchszeiten oder Übergaben der Kinder betreffen, die Regelung der Alimente oder der elterlichen Verantwortung. Die, die zur Veränderung aufgerufen werden, kommen jedoch nicht immer zur Beratung. Zum Rahmen der professionellen Arbeit gehören deshalb gut vorbereitete Telefonate, E-Mails und Briefe, immer wenn sie zur hilfreichen, transparenten Kommunikation zwischen den beteiligten Parteien beitragen.

Unstimmigkeiten zwischen Psychotherapie, Beratung und gerichtlichen Erlässen zur Wahrnehmung elterlicher Pflichten sind häufig. Hilfe für alle ist am ehesten durch eine Kombination von fallbezogenem Expertenwissen und Deeskalationsgesprächen zwischen den

Parteien zu erzielen. Berater und Beraterinnen nehmen dabei eine proaktive Position ein, indem sie das entsprechende Setting für die optimale Beratung mitgestalten und die Gespräche so strukturieren, dass eine aktiv zuhörende Anteilnahme bei allen Parteien entsteht.

Literatur

Ahlers, C. (1996). Setting als Intervention in der Einzel-, Paar- und Familientherapie: Erfahrungen aus dem klinischen Alltag. Zeitschrift für Systemische Therapie und Beratung, 14 (4), 250–262.

Ahlers, C. (1998). Systemische Therapie nach der Postmoderne. Eltern und Kinder in der Therapie heute. Dekonstruktion und Verantwortung in brüchigen Beziehungswelten. Systeme, 12 (1), 54–79.

Ahlers, C. (1999). Geschlechterdiskurse in therapeutischen Beziehungen. Zeitschrift für Systemische Therapie und Beratung, 17 (4), 208–222.

Ahlers, C. (2014a). Trennung und Scheidung. In T. Levold, M. Wirsching (Hrsg.), Systemische Therapie und Beratung – das große Lehrbuch (S. 331–336). Heidelberg: Carl-Auer.

Ahlers, C. (2014b). Fortsetzungsfamilien: Alleinerziehende, Stieffamilien, Patchworkfamilien. In T. Levold, M. Wirsching (Hrsg.), Systemische Therapie und Beratung – das große Lehrbuch (S. 336–343). Heidelberg: Carl-Auer.

Ahlers, C. (2017). Kommunikative Kompetenz. Das Rollenspiel in der Systemischen Ausbildung. Münster/New York: Waxmann.

Asen, E. (2017). Families: Finding Clear Narratives and Rewriting Endings. Anna Freud National Center for Children and families. Zugriff am 10.12.2017 unter https://www.annafreud.org

Behrend, K. (2009). Kindliche Kontaktverweigerung nach Trennung der Eltern aus psychologischer Sicht. Entwurf einer Typologie. Dissertation zur Erlangung des Doktorgrades. Zugriff am 20.04.2018 unter https://pub.uni-bielefeld.de/download/2301270/2301273

Buchholz, M. B. (1990). Die unbewusste Familie. Psychoanalytische Studien zur Familie in der Moderne. Berlin/Heidelberg: Springer.

Collin, F. (2001). Die harmonische Familie. In acht Schritten zum Familienglück. Mainz: Logophon Verlag und Bildungsreisen Gmbh.

Esser, H. (2016). Ehekrisen: Das (Re-)Framing der Ehe und der Anstieg der Scheidungsraten. Zeitschrift für Soziologie, 31 (6), 472–496. Zugriff am 20.04.2018 unter https://www.degruyter.com/view/j/zfsoz.2002.31.issue-6/zfsoz-2002-0602/zfsoz-2002-0602.xml

Foerster, H. von (1984). Observing Systems. Seaside, CA.: Intersystems Publications.

Freedmann, J., Combs, G. (1996). Narrative Therapy. The Social Construction of Preferred Realities. New York: Norton.

Funcke, D. (2017). In welchen Familien leben wir eigentlich? Die Kernfamilie – ein aufschlussreicher soziologischer Begriff zur Analyse gegenwärtiger Familienformen. Familiendynamik, 42 (2), 134–145.

Furstenberg, F. F. (1987). Fortsetzungsehen. Ein neues Lebensmuster und seine Folgen. Soziale Welt, 38 (1), 29–39.

Hetherington, E. M. (Ed.) (1999). Coping with Divorce, Single Parenting, and Remarriage: A Risk and Resiliency Perspective. Hillsdale, N. J.: Erlbaum.

Hetherington, M. E., Kelly, J. (2003). Scheidung – die Perspektiven der Kinder. Weinheim/Basel: Beltz.

Ludewig, K. (1992). Systemische Therapie. Grundlagen klinischer Theorie und Praxis. Stuttgart: Klett-Cotta.

Luhmann, N. (1997). Die Kunst der Gesellschaft. Frankfurt a. M.: Suhrkamp.

Meulders-Klein, M.-T., Thery, I. (1998). Fortsetzungsfamilien. Neue familiale Lebensformen in pluridisziplinärer Betrachtung. Konstanz: Universitätsverlag Konstanz.

Schnitzler, A. (1920/2004). Ein Liebesreigen. Die Urfassung des »Reigens«. Hrsg. von Gabriella Rovagnati. Frankfurt a. M.: S. Fischer.

Sieder, R. (2008). Patchworks – das Familienleben getrennter Eltern und ihrer Kinder. Stuttgart: Klett-Cotta.

Sieder, R. (2010). Der Familienmythos und die romantische Liebe in der condition postmoderne. In J. Hardt, F. Mattejat, M. Ochs, M. Schwarz, T. Merz, U. Müller (Hrsg.), Sehnsucht Familie in der Postmoderne. Eltern und Kinder in Therapie heute (S. 45–72). Göttingen: Vandenhoeck & Ruprecht.

Sieder, R., Ahlers, C. (2002). Endbericht zum Forschungsprojekt »Beziehungskulturen abseits der Norm«. Eine qualitative kulturwissenschaftliche Studie zu »Stieffamilien« und »Eineinternfamilien«. Endbericht des gleichnamigen Forschungsprojekts, gefördert vom Bundesministerium für Bildung, Unterricht und Wissenschaft. Unveröffentlichtes Manuskript. Wien.

Stierlin, H. (1974). Eltern und Kinder im Prozeß der Ablösung. Frankfurt a. M.: Suhrkamp.

Stierlin, H. (1978). Delegation und Familie. Beiträge zum Heidelberger familiendynamischen Konzept. Frankfurt a. M.: Suhrkamp.

van Lawick, J., Visser, M. (2017). Kinder aus der Klemme. Interventionen für Familien in hoch konflikthaften Trennungen. Heidelberg: Carl-Auer.

Wallerstein, J., Blakeslee, S. (1989). Gewinner und Verlierer. Frauen, Männer, Kinder nach der Scheidung. Eine Langzeitstudie. München: Droemer Knaur.

Wallerstein, J., Lewis, J., Blakeslee, S. (2002). Scheidungsfolgen – Die Kinder tragen die Last. Eine Langzeitstudie über 25 Jahre. Münster: Votum.
Zemp, M., Bodenmann, G. (2015). Partnerschaftsqualität und kindliche Entwicklung. Ein Überblick für Therapeuten, Pädagogen und Pädiater. Berlin: Springer Essentials.

Die Autorin

Doz.ⁱⁿ Dr.ⁱⁿ phil. Corina Ahlers, Klinische Psychologin und Systemische Psychotherapeutin, ist Lehrtrainerin für Systemische Therapie bei der Österreichischen Arbeitsgemeinschaft für Systemische Therapie und Systemische Studien (ÖAS) und ist Dozentin an der Sigmund Freud Privatuniversität (SFU). Im Kompetenzzentrum »FamilieNeu« (Wien) setzt sie ihre Schwerpunkte in den Bereichen Trennung, Patchwork- und Fortsetzungsfamilien.